Guías Visuales
PIRÁMIDE

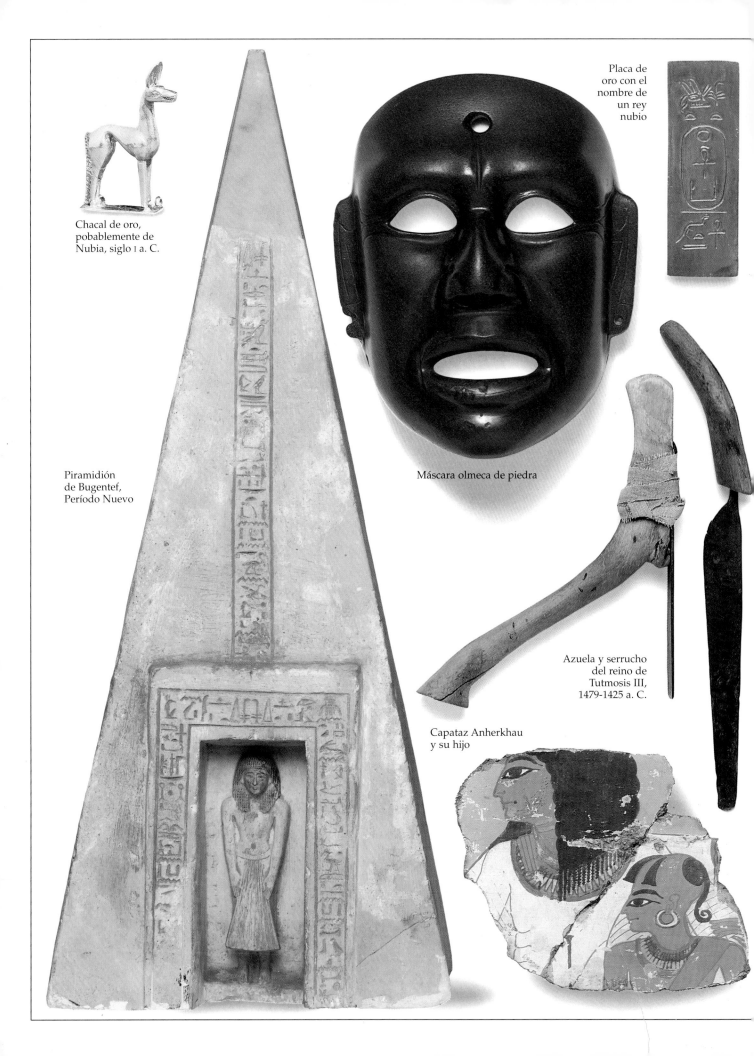

Chacal de oro,
pobablemente de
Nubia, siglo I a. C.

Placa de
oro con el
nombre de
un rey
nubio

Piramidión
de Bugentef,
Período Nuevo

Máscara olmeca de piedra

Azuela y serrucho
del reino de
Tutmosis III,
1479-1425 a. C.

Capataz Anherkhau
y su hijo

Esfinges de bronce de carneros de Nubia

Guías Visuales
PIRÁMIDE

Escrito por
JAMES PUTNAM

Fotografía de
GEOFF BRIGHTLING Y PETER HAYMAN

Heteferes y su esposo Katep, cerca de 2500 a. C.

Dos placas con el nombre del rey nubio Aspelta

3 9075 03723712 7

DK Publishing, Inc.

Tallado de la tumba de Ti, Saqqara

Joyería con la forma de halcón

DK

LONDRES, NUEVA YORK, MÚNICH,
MELBOURNE Y DELHI

Título original de la obra: *Pyramid*
Copyright © 1994, © 2002 Dorling Kindersley Limited

Editor del proyecto Scott Steedman
Editora de arte Manisha Patel
Jefe de redacción Simon Adams
Directora de arte Julia Harris
Producción Catherine Semark
Investigadora Céline Carez
Investigación iconográfica Cynthia Hole
Asesor editorial Dr. I. E .S. Edwards

Editora en EE. UU. Elizabeth Hester
Directora de arte Michelle Baxter
Diseño DTP Milos Orlovic
Ayudante de diseño Melissa Chung
Producción Chris Avgherinos
Asesor Producciones Smith Muñiz

Edición en español preparada por
Alquimia Ediciones, S. A. de C. V.
Río Balsas 127, 1° piso, Col. Cuauhtémoc
C. P. 06500, México, D. F.

Primera edición estadounidense, 2004
04 05 06 07 08 10 9 8 7 6 5 4 3 2 1

Publicado en Estados Unidos por DK Publishing, Inc.
375 Hudson Street, New York, New York 10014
Los créditos de la página 72 forman parte de esta página.

D.R. © 2004 DK Publishing, Inc.

A catalog record for this book is available
from the Library of Congress.

ISBN 0-7566-0633-0 (HC) 0-7566-0796-5 (Library Binding)

Reproducción a color por Colourscan, Singapur

Impreso y encuadernado por Toppan Printing Co. (Shenzhen) Ltd.

Descubre más en
www.dk.com

Vasija nubia decorada
con lotos azules

Figura shabti del rey Aspelta
de Nubia, 593–568 a. C.

Joyería encontrada cerca de la
pirámide de Senusret III,
1874–1855 a. C.

Modelo de la barca
funeraria del rey Khufu

Contenido

Modelo de una tumba con los trabajadores haciendo ladrillos de barro

6
¿Qué son las pirámides?

8
Construida para un rey

10
La gran Pirámide Escalonada

12
La Pirámide Escalonada

14
Pirámides auténticas

16
Las pirámides de Guiza

18
Los faraones de Guiza

20
La Gran Pirámide

22
El interior de las pirámides

24
Los templos y las ofrendas

26
La Gran Esfinge

28
Barca funeraria

30
Planificación de la pirámide

32
Construcción de ladrillo y piedra

34
Herramientas

36
La pirámide se eleva

38
Una lenta decadencia

40
Renacimiento del Período Medio

44
Piramidiones

46
Enigmas de las pirámides

48
Las pirámides de Nubia

50
Los faraones de Nubia

52
El tesoro de una reina

54
Las pirámides de México

56
Las pirámides mayas

60
Las pirámides aztecas

62
La pirámide sigue viva…

64
¿Sabías que…?

66
¿Quién es quién?

68
Descubre más

70
Glosario

72
Índice

¿Qué son las pirámides?

LAS PIRÁMIDES DE EGIPTO han fascinado a la gente por miles de años. ¿Cómo construyeron los antiguos egipcios estos colosales monumentos de piedra y por qué? Las pirámides más famosas son las tres de Guiza, cerca de El Cairo moderno. Pero hay más de 80 pirámides en Egipto, y otras 100 en Sudán. Cada una es una tumba construida por un faraón (rey) como el lugar de descanso final de su cuerpo. Su finalidad era ayudar a que el faraón muerto alcanzara la vida eterna. Quizá nunca sepamos por qué los egipcios eligieron la forma de la pirámide; tal vez se desarrolló de túmulos funerarios o fue un símbolo de las rayos del sol o una escalera hacia el cielo. Muchos siglos después, los pueblos de Centroamérica también construyeron pirámides, como templos, y cientos de ellas siguen ocultas en las selvas.

LA GRAN ESFINGE
El período llamado antiguo Egipto duró 3,000 años. Las pirámides de Guiza y la Esfinge (págs. 26-27) se construyeron en el Imperio Antiguo (hacia 2686-2181 a. C.). La construcción de pirámides renació en el Imperio Medio (2055-1650 a. C.). En el Imperio Nuevo (1550-1069 a. C.), enterraban a los faraones (incluido Tutankamón) en tumbas de roca más secretas.

CIMAS DE LAS MONTAÑAS
Los templos en todo el mundo tienen la forma puntiaguda de una pirámide. Casi todas las culturas creen que los dioses viven en el cielo y que los espíritus terrenales se elevan desde los templos para reunirse con ellos. La mayoría de las iglesias, sinagogas, mezquitas y pagodas tienen puntas que se elevan como cimas. Éste es el templo de Siva en Prambanan, Java, Indonesia.

SACRIFICIO SANGRIENTO
Los aztecas del México antiguo construyeron templos pirámides para adorar a sus dioses (págs. 60-61), con dos escaleras que conducían a dos capillas. Ahí, los sacerdotes hacían sacrificios humanos en honor a las fuerzas de la naturaleza. Creían que el Sol seguiría vivo si ofrecían sangre humana a los dioses.

Pirámides aztecas, mayas y otras de Centroamérica

Pirámides egipcias y sudaneses

MUNDOS APARTE
Existen pirámides en Egipto y Centroamérica. Mas no hay evidencia de que los americanos tuvieran contacto con Egipto o que supieran que ahí había pirámides. En tiempo y espacio, las dos civilizaciones fueron mundos aparte.

NOTA LA DIFERENCIA
Ésta es la pirámide maya de Chichén Itzá en México. Las pirámides centroamericanas tienen la parte superior plana y escaleras, al menos en un lado. Los sacerdotes mayas las subían para llegar al altar en la cima. A diferencia de las mejores pirámides egipcias fabricadas con bloques sólidos de piedra caliza, las de Centroamérica están llenas de capas de escombros.

RAYO DE SOL DE PIEDRA
El faraón Kefrén construyó esta pirámide en Guiza, en 2530 a. C. Es un poco más chica que la Gran Pirámide, las más grande de todas (págs. 22-23). La forma de la pirámide refleja los rayos del sol que brillan a través de las nubes. La punta quizá fue revestida de oro para que brillara como el Sol.

MONTÍCULO OCULTO

Las primeras tumbas egipcias fueron montículos funerarios. Una tumba simple se cubría con una pila de grava para protegerla y localizarla entre las arenas movedizas del desierto. Después, los reyes y altos oficiales se enterraban en mastabas, construcciones rectangulares de ladrillos de lodo seco; algunas tenían montículos de arena cubiertos con ladrillos sobre la cámara funeraria. Ésta es la Pirámide Escalonada del rey Zoser, construida en 2650 a. C. (págs. 12-15). Fue la primera hecha de piedra.

CAMBIO DE FORMA

Las primeras pirámides egipcias tenían lados escalonados. Quizá representaban la escalera que el rey muerto subiría para reunirse con otros dioses entre las estrellas (págs. 22 y 47). Después, el Sol fue más importante que las estrellas en la religión egipcia y construyeron pirámides auténticas con lados inclinados que representaban los rayos del sol. Ésta es la pirámide en ruinas Meidum (págs. 14-15) ubicada entre otras dos. Se construyó primero con escalones, y luego se modificó y se hizo una pirámide auténtica.

Parte del revestimiento de piedra caliza de alta calidad queda cerca de la cima

FUENTE DE VIDA

Cada año, el río Nilo se desbordaba y proporcionaba a los egipcios tierra fértil. Creían que el mundo había sido creado como un montículo que se elevó de las aguas prístinas. Se pensaba que la forma del montículo era la fuente de toda la vida. Así, al copiar su forma, la pirámide adquiría poderes mágicos que ayudaban al rey a renacer.

Cientos de miles de bloques de piedra caliza colocados en hileras

HIJO DEL DIOS SOL

Esta pintura muestra a un faraón y al dios Sol Ra. En un conjuro de los Textos de las Pirámides (pág. 22), el faraón dice a Ra: "He bajado para mí esos rayos tuyos como una escalera bajo mis pies por la cual ascenderé". Ra es representado como un hombre con cabeza de halcón. Sobre su cabeza está el sol, rodeado por la serpiente del tiempo. Sostiene un cetro y una cruz egipcia, emblema de vida.

Construida para un rey

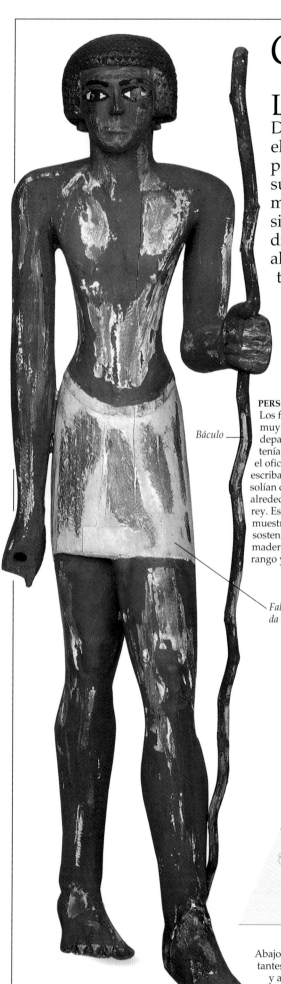

Los egipcios creían que su faraón era un dios viviente. Dirigía el ejército en batalla, juzgaba criminales y controlaba el tesoro. Representaba también la unidad de Egipto. En los primeros tiempos, la mayoría de la gente vivía en el norte o el sur, llamados Bajo Egipto y Alto Egipto. El papel del faraón era mantener unidas a las dos regiones. El gobierno centralizado significaba que él tenía todos los recursos de Egipto a su disposición para construir su pirámide. Los mejores escultores, albañiles, ingenieros y obreros pasaban años construyendo la tumba. Los trabajadores que transportaban las piedras no eran esclavos, sino agricultores que creían que si ayudaban a su rey a llegar al cielo, él los protegería en el otro mundo.

Báculo

PERSONAL
Los funcionarios fueron muy poderosos. Cada departamento del gobierno tenía mucho personal, desde el oficial mayor hasta muchos escribas. Los funcionarios solían construir sus tumbas alrededor de la pirámide del rey. Esta estatua de 2250 a. C. muestra a un funcionario sosteniendo un báculo de madera, signo de su rango y autoridad.

Falda de lino atada a la cintura

SITIOS DE PIRÁMIDES
Hay más de 80 pirámides en Egipto. Todas están en la ribera oeste del Nilo, donde se pone el sol. En el Imperio Antiguo, las pirámides estaban agrupadas alrededor de Menfis, la capital. En el Imperio Medio cambiaron la capital río arriba, a Lisht, por lo que la mayoría de los faraones construyeron sus pirámides más al sur.

El Cairo

Abu Rawash ▲

Guiza ▲ ▲ ▲

Zawyet el-Aryan ▲ ▲

Abusir ▲ ▲ ▲

Saqqara ▲ ▲ ▲ ▲
▲ ▲ ▲ ▲ ▲

Dahshur ▲ ▲ ▲ ▲
▲ ▲ ▲

Mazghuna ▲ ▲

CLAVE
▲ Pirámide auténtica
▲ Pirámide curvada
▲ Pirámide escalonada

Lisht ▲ ▲

Río Nilo

Seila ▲   ▲ Meidum

▲ Hawara

▲ El Lahun

Faraón

Nobles y realeza, funcionarios importantes, soldados, escribas

Artesanos hábiles, pintores, escultores, capataces, mercaderes

Agricultores, sirvientes domésticos (había muy pocos esclavos)

LA PIRÁMIDE SOCIAL
Abajo del faraón estaba la familia real, los nobles y sacerdotes importantes, soldados y funcionarios. La clase media incluía a mercaderes y artesanos hábiles. Casi todos los egipcios fueron campesinos.

HIJO DEL DIOS SOL

El faraón tenía muchos títulos oficiales, incluido el Señor de Dos Tierras e Hijo de Ra, el dios Sol. Esta enorme cabeza de Radjedef se encontró cerca de su pirámide en Abu Roash. El rey lleva puesto el tocado *nemes* real. Una cobra está sobre su frente, lista para escupir fuego a los enemigos del rey. Radjedef gobernó sólo ocho años, entre Keops y Kefrén, quienes construyeron las dos enormes pirámides en Guiza. Su pirámide está en ruinas.

Las antiguas mujeres egipcias cargaban bandejas y cestos sobre sus cabeza

SIRVIENTA HUMILDE

Muchas mujeres jóvenes trabajaban como sirvientas. Conocemos su apariencia porque ponían figuras modelo de sirvientas en las tumbas, para que trabajaran para sus jefes en la otra vida.

PAREJA MODELO

En las estatuas egipcias, los faraones tienen facciones perfectas y elegantes. La gente común es más natural y real. Éste es el funcionario de la corte Katep y su esposa Heteferes. Él está bronceado, pero ella está pálida, lo cual sugiere que pasaba más tiempo en el interior. La estatua se encontró en la tumba de Katep, cerca de las pirámides de Guiza.

Heteferes abrazando a su esposo

Katep, quien vivió alrededor de 2500 a. C.

Peluca

Piel pintada de amarillo pálido

Piel pintada de rojo

La gran Pirámide Escalonada

La PRIMERA PIRÁMIDE, quizá la primera estructura grande de piedra en la historia humana, se construyó para el faraón Zoser, en Saqqara, alrededor de 2650 a. C. La diseñó el arquitecto Imhotep, quien fue más famoso que el faraón para quien trabajó. La Pirámide Escalonada consta de una serie de seis estructuras rectangulares colocadas una sobre otra. Abajo, talladas en la roca subterránea, están las cámaras funerarias de Zoser y de cinco miembros de su familia. La cámara del rey fue construida de granito rosado y sellada con un tapón de tres toneladas. Pero fue saqueada y sólo se encontró un pie momificado.

A LA SOMBRA DE LA PIRÁMIDE ESCALONADA
En los siglos siguientes, muchos funcionarios construyeron sus tumbas tipo mastaba alrededor de la gran Pirámide Escalonada. Los muros están decorados con escenas de la vida cotidiana. Este tallado es de la tumba de Mereruka, hacia 2300 a. C. Muestra a los hombres que llevan ofrendas de comida.

CONSTRUIDA EN ETAPAS
La Pirámide Escalonada se construyó alrededor de una base de piedras del desierto. Imhotep cambió de opinión cinco veces durante la construcción. Agrandó la forma de la mastaba dos veces, antes de construir la estructura piramidal con cuatro escalones en la cima. Luego añadió dos escalones y amplió toda la estructura que recubrió con piedra caliza pulida para un terminado liso.

ESBOZO DE UN CONSTRUCTOR
Éste es un antiguo dibujo arquitectónico hecho por los constructores que trabajaron en la Pirámide Escalonada. Las líneas verticales les permitían conocer el ángulo exacto de los lados inclinados de la construcción.

El cuerpo de la pirámide es de bloques de piedras chicas colocadas como ladrillos

Imhotep

Más de 2,000 años después de su muerte, los antiguos egipcios adoraban a Imhotep como a un dios de sabiduría. Un escritor lo llamó "el inventor del arte de construir con piedra tallada". Se dice que escribió muchos libros y que se convirtió en una especie de santo patrono de los escribas. Suelen representarlo sentado con un papiro extendido sobre las rodillas. Se creía que era el hijo del dios Ptah, cuya magia le dio el poder de sanar a los enfermos.

Estatua de bronce de Imhotep, Período Nuevo

DESCUBRIMIENTO DE LA RUEDA
¿Cómo construyeron las pirámides? ¿Los egipcios tenían máquinas para construir? Hay muchas teorías, pero pocas pruebas. Esta pintura muestra a soldados que suben por una escalera sobre ruedas. Es la única imagen conocida de una rueda del Imperio Antiguo. Entonces, los egipcios no tenían poleas para levantar piedras.

El recubrimiento de piedra caliza fina fue robado para construcciones posteriores

ESTATUA INCONCLUSA
Ésta es una de las tres estatuas de tamaño real sin terminar de Zoser encontradas en el complejo de su pirámide. Incluso en este estado fragmentario, el rey tiene una expresión adusta. Se creía que el espíritu de un rey muerto emergía de la cámara funeraria y habitaba en estatuas como ésta.

Tocado Nemes

Peluca gruesa

Barba falsa

EL RETRATO DEL REY
Esta estatua del rey Zoser sentado es el primer retrato de tamaño real en la historia. Se encontró en una cámara cerrada adjunta al lado norte de su pirámide. Los dos hoyos redondos en el muro permitían que el faraón viera las ofrendas que le dejaban sus adoradores. El rey lleva puesto un tocado *nemes*, un signo de realeza, colocado sobre una peluca con mucho pelo. Sus ojos están incrustados con cristal de roca. El deterioro ocasionado por 4,700 años no oculta la fuerte personalidad del rey, que se ve reflejada en su fiero rostro, prominentes pómulos, labios gruesos y mandíbula tosca.

Uno de los nombres de Zoser en jeroglíficos

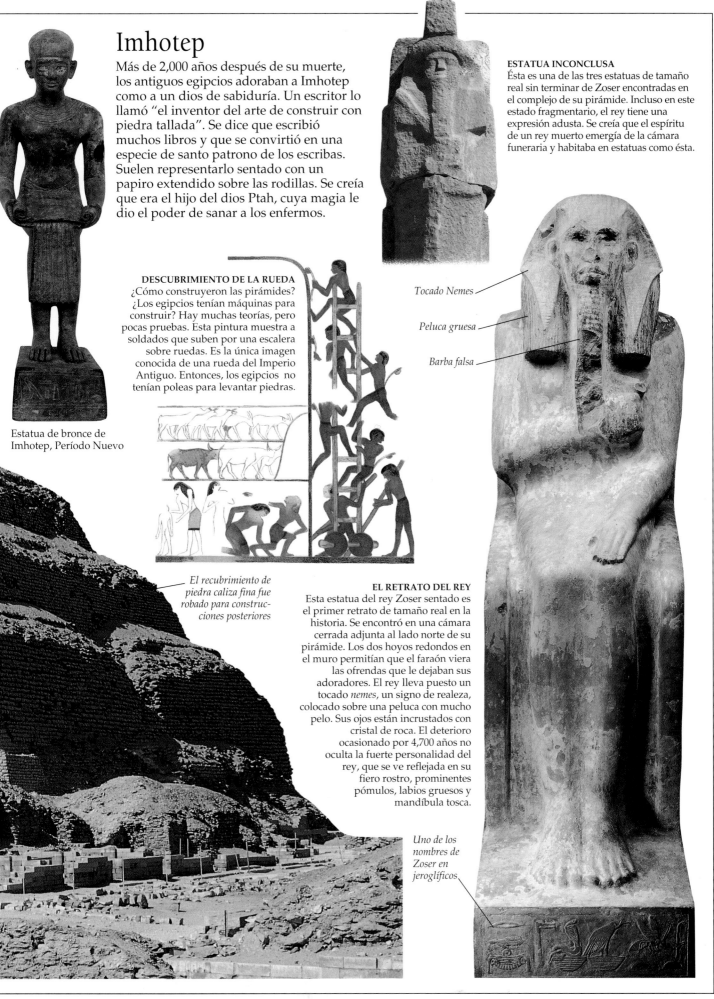

La Pirámide Escalonada

LA PIRÁMIDE ESCALONADA DE SAQQARA formaba parte de un gran complejo. Entre la pirámide y su enorme muralla hay patios y edificios ceremoniales. Junto con la pirámide, quizá fueron las primeras grandes construcciones de piedra. Están modeladas y decoradas como las primeras estructuras de ladrillos de lodo, juncos, carrizos o madera. Aunque están talladas para parecer edificios reales, la mayoría son imitaciones, con puertas simuladas. Un patio se usaba para el festival especial *sed*, que tuvo lugar luego de que Zoser había sido rey por muchos años. Multitudes de todo Egipto iban para ver al faraón correr en el patio *sed*. ¡Esto convierte a la Pirámide Escalonada en el primer campo deportivo! Al terminar la carrera, Zoser demostraba que aún era apto para gobernar. Después lo volvían a coronar rey del Alto y Bajo Egipto en dos tronos junto al patio *sed*.

EL TRABAJO DE SU VIDA
Jean-Philippe Lauer es un arquitecto francés y egiptólogo que nació en 1902. Durante 50 años reconstruyó el complejo de la Pirámide Escalonada en Saqqara. Cuando empezó en 1926, las columnas en ruinas y los bloques rotos estaban enterrados en la arena del desierto. El modelo de esta página es el fruto del trabajo de su vida.

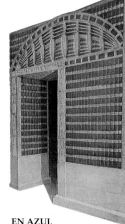

EN AZUL
Al sur está una cámara pequeña subterránea. El rey está enterrado bajo la pirámide y esta segunda cámara es un misterio. Los tallados y las losas azules pueden ser copia de la decoración del palacio de Zoser en Menfis.

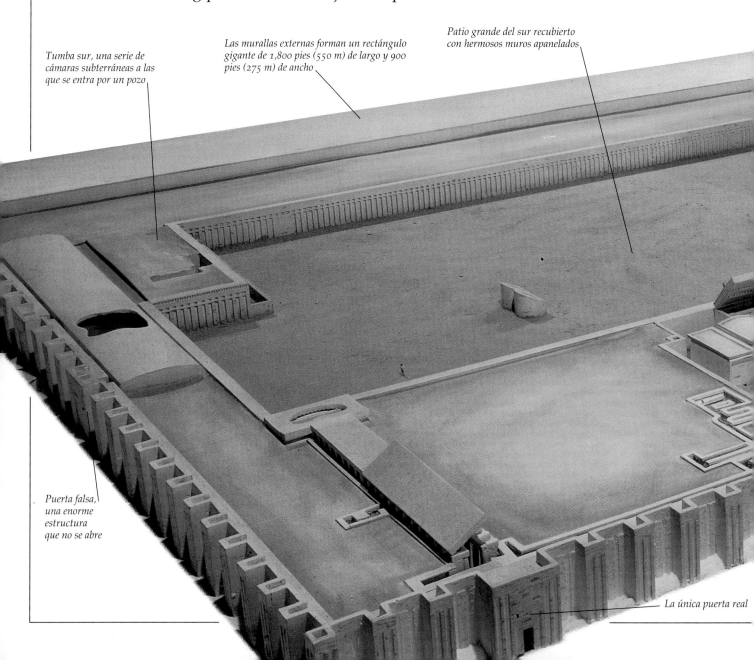

Tumba sur, una serie de cámaras subterráneas a las que se entra por un pozo

Las murallas externas forman un rectángulo gigante de 1,800 pies (550 m) de largo y 900 pies (275 m) de ancho

Patio grande del sur recubierto con hermosos muros apanelados

Puerta falsa, una enorme estructura que no se abre

La única puerta real

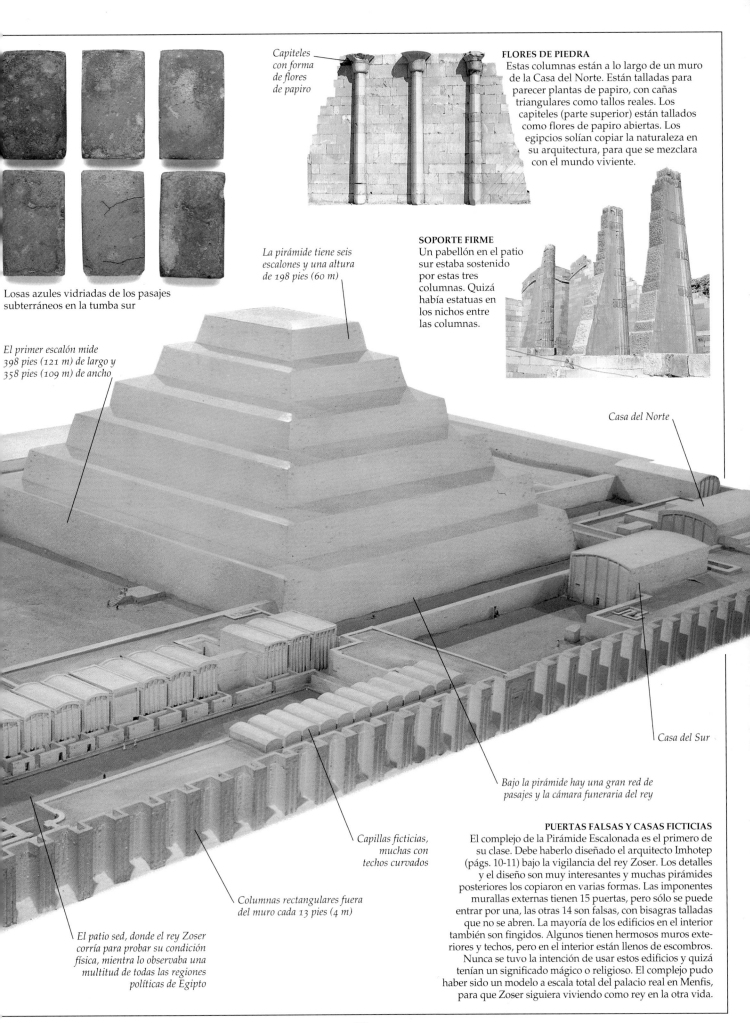

Losas azules vidriadas de los pasajes subterráneos en la tumba sur

FLORES DE PIEDRA
Estas columnas están a lo largo de un muro de la Casa del Norte. Están talladas para parecer plantas de papiro, con cañas triangulares como tallos reales. Los capiteles (parte superior) están tallados como flores de papiro abiertas. Los egipcios solían copiar la naturaleza en su arquitectura, para que se mezclara con el mundo viviente.

Capiteles con forma de flores de papiro

SOPORTE FIRME
Un pabellón en el patio sur estaba sostenido por estas tres columnas. Quizá había estatuas en los nichos entre las columnas.

La pirámide tiene seis escalones y una altura de 198 pies (60 m)

El primer escalón mide 398 pies (121 m) de largo y 358 pies (109 m) de ancho

Casa del Norte

Casa del Sur

Bajo la pirámide hay una gran red de pasajes y la cámara funeraria del rey

Capillas ficticias, muchas con techos curvados

Columnas rectangulares fuera del muro cada 13 pies (4 m)

El patio sed, donde el rey Zoser corría para probar su condición física, mientras lo observaba una multitud de todas las regiones políticas de Egipto

PUERTAS FALSAS Y CASAS FICTICIAS
El complejo de la Pirámide Escalonada es el primero de su clase. Debe haberlo diseñado el arquitecto Imhotep (págs. 10-11) bajo la vigilancia del rey Zoser. Los detalles y el diseño son muy interesantes y muchas pirámides posteriores los copiaron en varias formas. Las imponentes murallas externas tienen 15 puertas, pero sólo se puede entrar por una, las otras 14 son falsas, con bisagras talladas que no se abren. La mayoría de los edificios en el interior también son fingidos. Algunos tienen hermosos muros exteriores y techos, pero en el interior están llenos de escombros. Nunca se tuvo la intención de usar estos edificios y quizá tenían un significado mágico o religioso. El complejo pudo haber sido un modelo a escala total del palacio real en Menfis, para que Zoser siguiera viviendo como rey en la otra vida.

Pirámides auténticas

LOS FARAONES que siguieron al rey Zoser también construyeron pirámides escalonadas. La forma lisa de la pirámide familiar no se desarrolló hasta el reinado del rey Snefru. En sus años como faraón (2613-2589 a. C.), ganó guerras en Libia y Nubia y construyó muchos templos, fortalezas, palacios y las últimas tres, quizá cuatro, pirámides. La primera, en Meidum, indica el progreso de la construcción con piedra en ese tiempo. La construcción del revestimiento interior y exterior es similar al de la Pirámide Escalonada de Zoser, pero los constructores lograron grandes adelantos en el manejo de bloques de piedra grandes. La estructura principal está formada por bloques enormes, mas no por muchos pequeños. Techaron en forma diferente la cámara funeraria, para que sostuviera el peso de la pirámide arriba y mejoraron los métodos de sellado de la entrada contra ladrones. Todos estos detalles los usó el hijo de Seneferu, Keops, quien construyó la pirámide más grande de todas, la Gran Pirámide de Guiza. En toneladas totales de piedra, las cuatro pirámides de Seneferu fueron un proyecto mayor.

LAS PIRÁMIDES DAHSHUR
Seneferu construyó dos pirámides grandes en Dahshur. Es imposible visitarlas, por estar en zona militar. Esta fotografía antigua muestra la Pirámide Curvada, que los egipcios llamaron "la Pirámide Brillante del Sur". Tiene aún más recubrimiento de piedra fina que las otras pirámides. Empezaron a construirla con una inclinación muy pronunciada y a mitad del camino cambiaron ángulos, quizá porque aparecieron grietas. La Pirámide Curvada es inusual por tener dos entradas y dos cámaras funerarias vacías. Después construyeron la pirámide norte, auténtica y con un ángulo plano.

PRÍNCIPE...
La familia de Snefru fue enterrada en la pirámide Meidum. Las estatuas de su hijo, el príncipe Rahotep y su esposa Nofret, están en una tumba.

...Y PRINCESA
Los ojos son de vidrio. Las estatuas son tan reales, que cuando los trabajadores las hallaron, ¡dejaron sus herramientas y huyeron!

REY ASESINO
Snefru fue el primer rey de la IV dinastía. Fue un faraón ambicioso. Este grabado es de una incursión a las minas de turquesas en Maghara, en la Península del Sinaí. Muestra a Snefru matando a un enemigo. El texto lo llama "un gran dios... que conquista tierras".

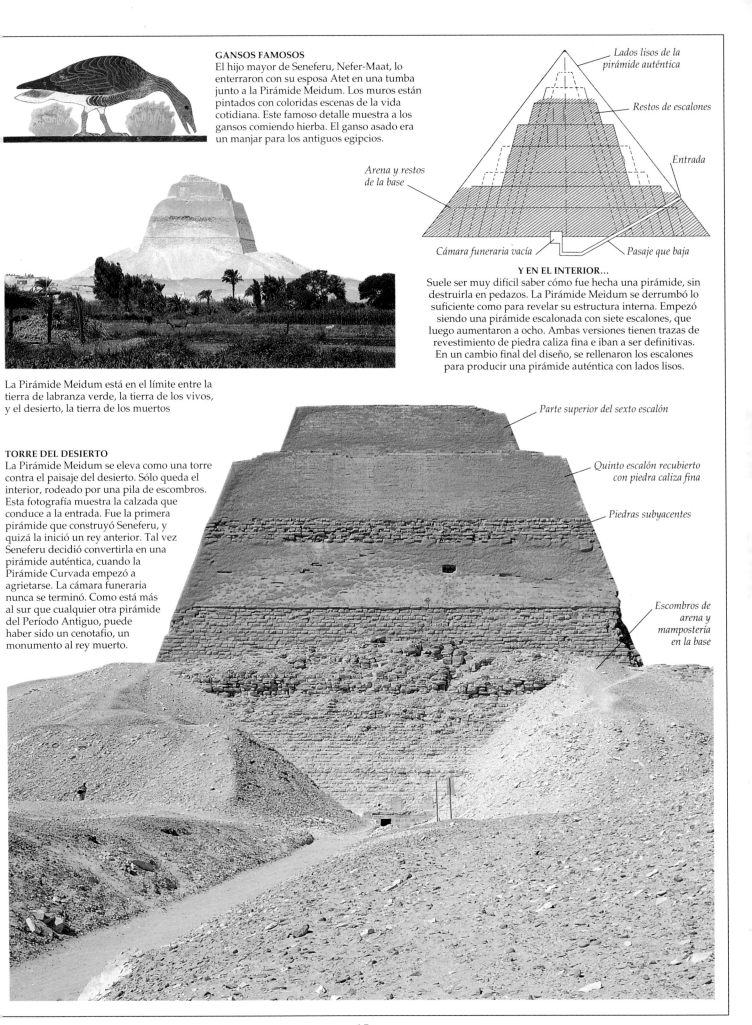

GANSOS FAMOSOS
El hijo mayor de Seneferu, Nefer-Maat, lo enterraron con su esposa Atet en una tumba junto a la Pirámide Meidum. Los muros están pintados con coloridas escenas de la vida cotidiana. Este famoso detalle muestra a los gansos comiendo hierba. El ganso asado era un manjar para los antiguos egipcios.

Lados lisos de la pirámide auténtica

Restos de escalones

Entrada

Arena y restos de la base

Cámara funeraria vacía

Pasaje que baja

Y EN EL INTERIOR...
Suele ser muy difícil saber cómo fue hecha una pirámide, sin destruirla en pedazos. La Pirámide Meidum se derrumbó lo suficiente como para revelar su estructura interna. Empezó siendo una pirámide escalonada con siete escalones, que luego aumentaron a ocho. Ambas versiones tienen trazas de revestimiento de piedra caliza fina e iban a ser definitivas. En un cambio final del diseño, se rellenaron los escalones para producir una pirámide auténtica con lados lisos.

La Pirámide Meidum está en el límite entre la tierra de labranza verde, la tierra de los vivos, y el desierto, la tierra de los muertos

Parte superior del sexto escalón

Quinto escalón recubierto con piedra caliza fina

Piedras subyacentes

Escombros de arena y mampostería en la base

TORRE DEL DESIERTO
La Pirámide Meidum se eleva como una torre contra el paisaje del desierto. Sólo queda el interior, rodeado por una pila de escombros. Esta fotografía muestra la calzada que conduce a la entrada. Fue la primera pirámide que construyó Seneferu, y quizá la inició un rey anterior. Tal vez Seneferu decidió convertirla en una pirámide auténtica, cuando la Pirámide Curvada empezó a agrietarse. La cámara funeraria nunca se terminó. Como está más al sur que cualquier otra pirámide del Período Antiguo, puede haber sido un cenotafio, un monumento al rey muerto.

15

Las pirámides de Guiza

"EL TIEMPO SE RÍE DE TODAS LAS COSAS: PERO LAS PIRÁMIDES se ríen del tiempo". Este antiguo proverbio árabe muestra respeto a las pirámides de Guiza, que han estado en una planicie alta junto al Nilo por más de 4,500 años. En la época de Tutankamón, tenían más de mil años y los egipcios las consideraban maravillas antiguas. Para los árabes, que invadieron Egipto en 639 d. C., las pirámides eran muy antiguas. Desde lejos, son una majestuosa e imponente vista; de cerca, son monumentales. La más grande de las tres, la Gran Pirámide del rey Keops, se construyó en 2589 a. C. Tiene una altura de 481 pies (147 m), con lados cuadrados de 756 pies (230 m) de largo. Está construida con unos 2,300,000 bloques de piedra caliza sólida, que pesan 2.5 toneladas en promedio cada uno. Su vecina, construida por el rey Kefrén, es sólo 9 pies (3 m) más corta. La tercera gran pirámide se construyó para el faraón Micerino. Es la más chica de las tres, sólo mide 218 pies (66 m) de altura.

TUMBAS JUNTO AL NILO
Como todas las tumbas principales del antiguo Egipto, las pirámides de Guiza se construyeron en la ribera oeste del río Nilo. Los egipcios creían que ésa era la tierra de los muertos. Cuando el sol se ponía en el oeste cada día, pensaban que viajaba al otro mundo en donde vivían los espíritus de los reyes difuntos.

EL ENIGMA DE LA ESFINGE
La Gran Esfinge (págs. 26-27) mira hacia el este, donde sale el Sol. Fue tallada de un afloramiento enorme de piedra caliza, tiene el cuerpo de un león echado y el rostro de un rey, probablemente el de Kefrén. Algunos de los trabajadores que construyeron la pirámide de Kefrén quizá vieron esta forma en una roca sobrante y decidieron tallarla como un tributo a su rey.

La tercera pirámide se construyó para el rey Micerino en 2500 a. C.

El recubrimiento de piedra caliza fina y granito ha sido removido a través de los siglos

Una de las tres pirámides de las "reinas" de Micerino

Las pirámides de Guiza vistas desde el sur

A CAMELLO POR LAS PIRÁMIDES
Por 4,500 años, la gente ha ido para ver las grandes tumbas de los faraones. Hoy, millones de turistas de todo el mundo visitan las pirámides cada año.

UNA GRAN VISTA
La mejor vista del complejo de Guiza es desde la cima de la Gran Pirámide. Esta fotografía es del libro *Views in Egypt*, publicado por el aventurero italiano Luigi Mayer en 1804. Muestra a viajeros europeos admirando el paisaje desde la cima. Usan ropa turca, una costumbre común entre los viajeros de esa época.

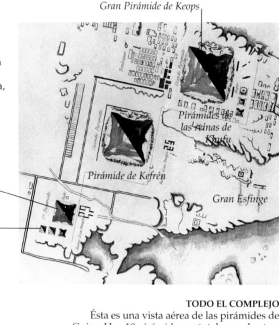

Gran Pirámide de Keops

Pirámides de las reinas de Khufu

Pirámide de Kefrén

Gran Esfinge

Pirámide de Micerino

Pirámides de las reinas

La segunda pirámide, construida para el rey Kefrén en 2530 a. C.

Parte del recubrimiento de piedra caliza fina de Tura queda cerca de la cima

Los últimos 33 pies (10 m) se perdieron

TODO EL COMPLEJO
Ésta es una vista aérea de las pirámides de Guiza. Hay 10 pirámides en total, pues los tres faraones construyeron al menos una pirámide chica junto a las grandes. Estas construcciones más pequeñas se llaman pirámides de las reinas, aunque sólo algunas fueron construidas para las esposas de los faraones (pág. 19).

La Gran Pirámide, la más grande, se construyó para el rey Keops en 2589 a. C.

Los faraones de Guiza

EL FARAÓN TENÍA autoridad total. Sus súbditos lo consideraban un dios y hacían cualquier cosa por él. Sin este poder absoluto, no se habrían construido las pirámides. La palabra *faraón* significa "casa grande" y originalmente se refería al palacio más que al rey. Keops, Kefrén y Micerino tenían sus palacios en Menfis. Desde ahí podían admirar las imponentes tumbas que se construían cerca de Guiza. El proceso de construcción tardaba muchos años, si el faraón tenía suerte, su pirámide quedaba lista antes de que muriera. Estos enormes proyectos debieron haber afectado bastante la economía de Egipto. Cuando finalmente se terminaron, las pirámides de Guiza recibieron nombres que celebraban la majestad de los reyes que las construyeron. La Gran Pirámide se llamó "Keops pertenece al horizonte". Las otras dos se conocen como "Kefrén es grande" y "Micerino es divino".

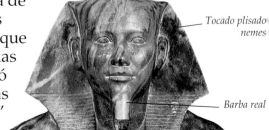

Tocado plisado nemes

Barba real

RETRATO RARO
Keops fue, probablemente, el faraón más poderoso que gobernó Egipto. El único retrato de él que sobrevivió es esta pequeña estatua de marfil. Cuando la encontraron, no tenía cabeza. El arqueólogo inglés Flinders Petrie tuvo que buscar entre pilas de escombros antes de encontrar la cabeza faltante.

TRONO DE LEÓN
Una de las estatuas egipcias más bellas es este retrato del faraón Kefrén. Él sucedió a Keops como rey y quizá fue su hermano menor. La estatua fue tallada en diorita, una piedra brillante y veteada. El rey está representado en un tamaño más grande que el real, y está sentado en un trono de león. La estatua se encontró en el fondo de un foso en el templo del valle de Kefrén, parte del complejo de su pirámide. Tal vez la ocultaron ahí para evitar que la destruyeran los ladrones o enemigos.

Falda plisada

Cabeza de león

PODER DEL HALCÓN
Un halcón posa en el trono de Kefrén, con las alas extendidas rodea su garganta. El ave representa a Horus, el dios asociado con el poder supremo y la fortaleza del faraón.

CABEZA EN LA ARENA
La Gran Esfinge (págs. 26-27) está frente a la pirámide de Kefrén. Se cree que su enorme cabeza es un retrato del faraón. Durante la mayor parte de su historia, la Esfinge ha estado cubierta hasta el cuello por la arena del desierto.

TRES REYES
Éstos son los cartuchos –con los nombres en jero-glíficos– de los tres faraones de Guiza. Cada nombre está enmarcado por un lazo oval de soga con un nudo en la base. El lazo representaba la eternidad. Al colocar su nombre en el interior, el faraón esperaba vivir eternamente.

Cartucho de Kefrén

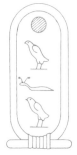

Keops

Kefrén

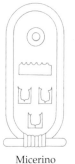

Micerino

Los antiguos historiadores griegos, que escribieron 2,000 años después de la construcción de las pirámides, aseguraron que Micerino fue hijo de Keops. Sin embargo, se parece a Kefrén, y ahora, muchos expertos creen que Kefrén fue su padre. Esta pintura muestra cómo debió verse en vida.

El rey tiene un físico musculoso y su reina tiene curvas más suaves

PAREJA MODELO

La mayoría de los faraones egipcios tenían muchas esposas, pero sólo dos o tres eran reinas y el rey solía tener una favorita. Ésta es la primera estatua conocida de un rey y una reina juntos. Son Micerino y su esposa favorita, Khamerernebty. La reina abraza a su esposo de forma afectuosa. Los toques humanos como éste son raros en el arte egipcio, el cual es muy formal. No hay registros de la época de Micerino. Los historiadores griegos dicen que fue un faraón justo. En contraste, describen a Keops y a Kefrén como tiranos perversos que obligaron a todo el país a trabajar en sus pirámides.

Cartucho de Micerino

El grano fino de la piedra, grauvaca, le da a la escultura un terminado terso

REPARACIONES ANTIGUAS

En la pirámide de Micerino se encontró un sarcófago roto de madera. El estilo y la escritura indican que fue hecho alrededor de 2,000 años después de la muerte del rey. Los egipcios posteriores debieron tratar de reparar su sarcófago después que se dañó.

Pirámides de las reinas

El rey Micerino construyó tres pirámides más chicas al sur de su pirámide. Ninguna fue terminada, pero una está parcialmente revestida con granito. Es la más grande de las tres, y donde probablemente enterraron a su reina Khamerernebty. Muchos otros complejos de pirámides incluyen "pirámides de las reinas" más chicas, pero no todas se construyeron como tumbas para las esposas del rey. Algunas fueron para sus hijas y otras tenían propósitos simbólicos distintos.

La Gran Pirámide

LA PIRÁMIDE MÁS GRANDE Y FAMOSA es la Gran Pirámide de Guiza, construida para el rey Keops alrededor de 2589 a. C. Los turistas la han admirado durante los últimos 4,500 años. Con su recubrimiento original de piedra caliza blanca, que brilla bajo la luz del sol, ofrece una vista sorprendente. Muchas personas creen que es el monumento más grande que ha sido construido. La base es más grande que cualquier templo, catedral o mezquita. La Gran Pirámide fue la estructura más alta que se había construido, hasta que terminaron la Torre Eiffel en 1887. La precisión de su construcción es sorprendente. Los cuatro lados, miden poco más de 755 pies (230 m) de largo cada uno, están alineados casi exactamente con el norte, sur, este y oeste. La diferencia entre los lados más largos y los más cortos es sólo de 7.9 pulg (20 cm). Esta montaña de piedra contiene 2,300,000 bloques aproximadamente, que pesan en total 6,500,000 toneladas. En el interior hay una red de pasajes, pozos, galerías y cámaras ocultas (págs. 22-23).

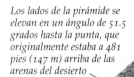

ESCALAR LA MONTANA
Los árabes solían llamar a la Gran Pirámide "la Montaña del Faraón". En el siglo XIX, los turistas europeos pagaban a guías locales para que los llevaran a la cima. Esto era muy peligroso, pues la gente que se resbalaba y caía solía morir. En 1875, el escritor estadounidense Mark Twain dijo que era "un pasatiempo animoso, estimulante, lacerante, que distendía los músculos, luxaba huesos, muy doloroso y exhaustivo". Hoy, la ley prohíbe escalar las pirámides.

Los lados de la pirámide se elevan en un ángulo de 51.5 grados hasta la punta, que originalmente estaba a 481 pies (147 m) arriba de las arenas del desierto

ANTIGUO Y MODERNO
Guiza es ahora un suburbio de la enorme ciudad moderna de El Cairo. Esta fotografía muestra un cementerio musulmán construido junto a la Gran Pirámide. El museo del bote de Keops (pág. 29) puede verse contra la pirámide. La contaminación de autos y fábricas daña las piedras antiguas. Los cimientos de la Gran Pirámide se estremecen todos los días por el flujo constante de autobuses que llevan a miles y miles de turistas.

CIENTOS Y MILES
La Gran Pirámide es la estructura de piedra más grande que se ha construido. Es imposible contar todos los bloques, así que el número total sólo se calcula. En el centro hay un afloramiento de rocas que se incorporó a la base. Los bloques externos se colocaron tan hábilmente, que la hoja de un cuchillo no cabría entre ellos.

Y EN EL INTERIOR...
Quizá enterraron a Keops en la Cámara del Rey, en el corazón de su pirámide. Esta cámara está recubierta con granito rojo brillante. La saquearon hace tiempo, pero aún contiene un sarcófago, un poco más grande que la puerta y tal vez lo colocaron ahí mientras construían la pirámide.

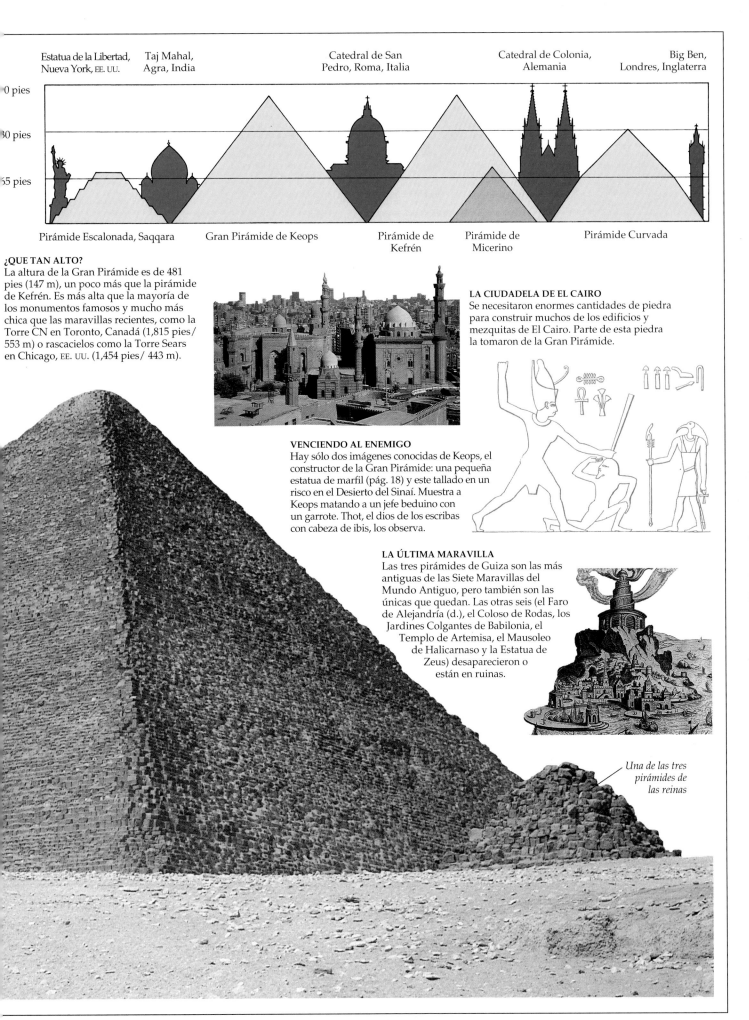

Estatua de la Libertad,
Nueva York, EE. UU.

Taj Mahal,
Agra, India

Catedral de San
Pedro, Roma, Italia

Catedral de Colonia,
Alemania

Big Ben,
Londres, Inglaterra

0 pies

30 pies

55 pies

Pirámide Escalonada, Saqqara

Gran Pirámide de Keops

Pirámide de
Kefrén

Pirámide de
Micerino

Pirámide Curvada

¿QUE TAN ALTO?

La altura de la Gran Pirámide es de 481 pies (147 m), un poco más que la pirámide de Kefrén. Es más alta que la mayoría de los monumentos famosos y mucho más chica que las maravillas recientes, como la Torre CN en Toronto, Canadá (1,815 pies/ 553 m) o rascacielos como la Torre Sears en Chicago, EE. UU. (1,454 pies/ 443 m).

LA CIUDADELA DE EL CAIRO

Se necesitaron enormes cantidades de piedra para construir muchos de los edificios y mezquitas de El Cairo. Parte de esta piedra la tomaron de la Gran Pirámide.

VENCIENDO AL ENEMIGO

Hay sólo dos imágenes conocidas de Keops, el constructor de la Gran Pirámide: una pequeña estatua de marfil (pág. 18) y este tallado en un risco en el Desierto del Sinaí. Muestra a Keops matando a un jefe beduino con un garrote. Thot, el dios de los escribas con cabeza de ibis, los observa.

LA ÚLTIMA MARAVILLA

Las tres pirámides de Guiza son las más antiguas de las Siete Maravillas del Mundo Antiguo, pero también son las únicas que quedan. Las otras seis (el Faro de Alejandría (d.), el Coloso de Rodas, los Jardines Colgantes de Babilonia, el Templo de Artemisa, el Mausoleo de Halicarnaso y la Estatua de Zeus) desaparecieron o están en ruinas.

Una de las tres pirámides de las reinas

El interior de las pirámides

¿QUÉ MARAVILLAS ESTÁN OCULTAS en el interior de las pirámides? Esta pregunta ha fascinado a la gente a través de la historia. Los primeros cristianos creían que el faraón las usaba para almacenar grano, como cuenta la historia de José en la Biblia, pero las pirámides fueron, de hecho, tumbas reales. En algún sitio en el interior o bajo la enorme masa de piedra había una cámara funeraria donde descansaba el rey muerto. Desde los primeros tiempos, hubo rumores fantásticos sobre tesoros enterrados junto con los faraones muertos. Para detener a los ladrones, los constructores de las pirámides ocultaron las entradas y sellaron los pasajes interiores con tapones de piedra enormes. Los reyes del Imperio Medio crearon pasajes extra y pozos falsos para tratar de engañar a los ladrones. A pesar de estos esfuerzos, todas las pirámides conocidas habían sido saqueadas en 1000 a. C. Lo poco que se encontró no lo notaron los ladrones apresurados. La única sepultura intacta es la del rey Tutankamón, enterrado en una tumba de roca tallada en el Valle de los Reyes. Reposaba en tres sarcófagos, uno de oro sólido, rodeado por tesoros. Sólo podemos imaginar las maravillas que estaban enterradas en las pirámides.

ENTRADA FORZADA
La entrada original a la Gran Pirámide estaba oculta por bloques de una cubierta pulida. Los visitantes actuales entran por un hoyo que está más abajo y que hizo el líder árabe Caliph Ma'mun en el siglo XIX.

EXPLORACIÓN DEL INTERIOR
En 1818, el famoso aventurero Giovanni Belzoni fue el primer europeo en entrar a la pirámide de Kefrén en Gizeh. Se desilusionó al descubrir que la cámara funeraria había sido saqueada. El imponente sarcófago de granito aún estaba en el suelo, pero no había rastros del cuerpo del rey ni de los tesoros.

Dos vistas de exploradores franceses en la Gran Galería de la Gran Pirámide, de *Descripción de Egipto*, 1809-1822.

ESTRELLAS EN EL TECHO
La cámara funeraria estaba en el corazón de la pirámide y los sarcófagos en el extremo más lejano. El techo seguía el ángulo de la pirámide. La pirámide de Unas está decorada con estrellas y jeroglíficos.

 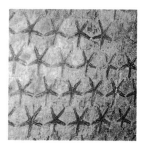 

Textos de la pirámide de Unas   Estrellas en el techo   Decoración pintada

Los Textos de la Pirámide

En los muros interiores de la pirámide del rey Unas están los primeros jeroglíficos religiosos conocidos, los Textos de la Pirámide. Alguna vez con colores brillantes, estos conjuros mágicos, plegarias e himnos se refieren al renacimiento del rey y su unión con los dioses en la otra vida. Datan de 2340 a. C., lo que los convierte en los escritos religiosos más antiguos. Versiones posteriores de los textos se pintaron en sarcófagos del Imperio Medio y en papiros del Imperio Nuevo, en el Libro de los Muertos.

LUZ QUE DANA

Los hombres de Napoleón exploraron la Gran Pirámide al inicio del siglo XIX. Estos grabados los muestran en la Gran Galería que conduce a la Cámara del Rey. En escala y diseño, no hay nada similar a esta galería en otra pirámide. Los enormes bloques que sellaban los pasajes se guardaron en el interior. A través de los siglos, el tizne de innumerables antorchas ha ennegrecido la piedra caliza perfectamente pulida.

SITIO FINAL DE DESCANSO DE KEOPS

La Cámara del Rey es de granito. El techo incluye nueve bloques que pesan cincuenta toneladas cada uno y cinco compartimientos, que probablemente sirven para reducir la presión del peso colosal de la piedra que está arriba.

KEOPS ESTUVO AQUÍ

En el techo de la Cámara del Rey hay piedras con inscripciones hechas por los trabajadores. Estos jeroglíficos rojos son el único sitio en la pirámide donde aparece el nombre de Keops.

CÁMARA VACÍA

Los primeros exploradores la llamaron la Cámara de la Reina, pero esta sala más chica no tiene nada que ver con ninguna reina. Los expertos creen que se hizo para Keops, pero la abandonaron al cambiar los planos.

CAMBIO DE PLANO

El plano interior de la Gran Pirámide se cambió varias veces durante la construcción. La entrada conduce a un pasaje subterráneo que lleva a una cámara sin terminar. Un segundo pasaje ascendente conduce a través de la Gran Galería a la Cámara del Rey. Los pasajes angostos llamados "pozos de ventilación" van de las dos cámaras principales a la superficie (pág. 47).

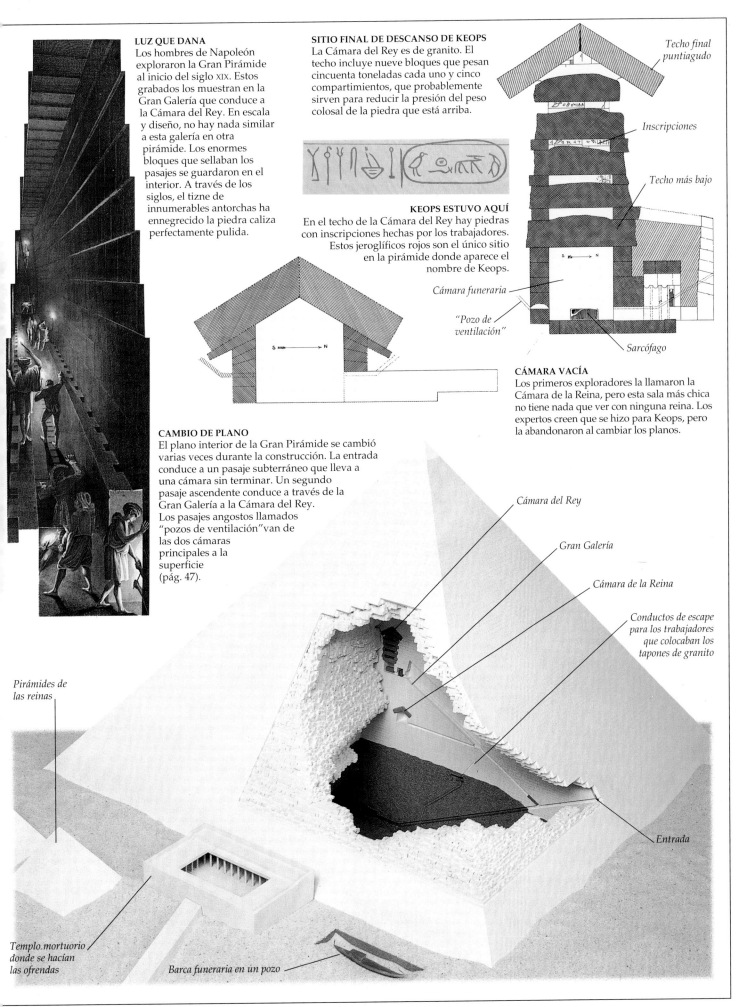

Techo final puntiagudo

Inscripciones

Techo más bajo

Cámara funeraria

"Pozo de ventilación"

Sarcófago

Cámara del Rey

Gran Galería

Cámara de la Reina

Conductos de escape para los trabajadores que colocaban los tapones de granito

Entrada

Pirámides de las reinas

Templo mortuorio donde se hacían las ofrendas

Barca funeraria en un pozo

23

Los templos y las ofrendas

UN COMPLEJO TÍPICO DE PIRÁMIDE incluía dos templos conectados por una calzada larga. Después que moría el rey, llevaban su cuerpo en un bote por el Nilo hasta el templo del río o del valle. Ahí lo momificaban (lo embalsamaban, lo ungían con aceites y lo envolvían con vendas de lino). Setenta días después, empezaba el funeral. Los sacerdotes conducían la procesión, mientras que las mujeres gemían y arrojaban arena en el aire. Después, llevaban al rey difunto por la calzada hasta el templo mortuorio o de ofrendas, junto a la pirámide. Ahí, los sacerdotes hacían ritos sagrados sobre la momia, antes de colocarla para reposar en la pirámide. Después del entierro, el espíritu del faraón necesitaba abasteci miento regular de comida y bebida. Todos los días, se ponían alimentos en el altar del templo mortuorio. Antes de morir, el rey disponía tierras para el mantenimiento de una comunidad de sacerdotes, cuya obligación sería la conservación del templo y darle ofrendas al rey muerto en el futuro.

OCULTO
Ésta es una estatua de Ti, un funcionario importante a cargo de la adoración en los templos de la pirámide de Abusir (págs. 38-39). Servía como un cuerpo sustituto que el espíritu de Ti podía habitar después de su muerte. La estatua se colocó en una cámara oscura especial en su tumba llamada *serdab*, de la palabra árabe para referirse a sótano. El rostro de Ti podía espiar por un hoyo tallado en el muro de la tumba.

A LA SOMBRA DE LA GRAN PIRÁMIDE
La Gran Pirámide estaba rodeada por edificios más chicos. El templo mortuorio de Keops se construyó en el lado este, donde el Sol renacía (salía) todos los días. El rey muerto esperaba renacer de la misma manera. El templo estaba rodeado por un patio rectangular con 50 columnas de granito rojo. El contraste de los muros de piedra caliza blanca, un piso de basalto negro y las columnas rojas debe haber sido muy hermoso. El templo fue destruido hace mucho tiempo. Esta fotografía muestra la tumba del noble Seshemnufer, quien como muchos egipcios importantes, eligió ser enterrado a la sombra de la tumba de Keops.

TIERRA DE ABUNDANCIA
Los espíritus de los muertos dependían de los vivos para su supervivencia en el otro mundo. Las pinturas de las tumbas suelen mostrar pilas de pan, cerveza, fruta, verduras y gansos en una mesa. Al recitar la fórmula escrita a su lado, la persona muerta podía tener un banquete fantástico en la otra vida.

Entrada a la tumba

Estatuas de Seshemnufer

PUERTA MÁGICA

oloridas imágenes de comida y bebida decoran
a puerta falsa del príncipe Merib. Si no dejaban
frendas, estas pinturas mágicas cobrarían vida.

ADMINISTRADOR
A la familia de la
persona fallecida
solían representarla
en los muros de la tumba.
Estas dos jóvenes que
sostienen tarros de ungüento son
las hijas de Sennedjsui, un tesorero
del rey en 2150 a. C. Administraba una finca
que cosechaba comida para las ofrendas.
Sus títulos incluían "Único amigo del Rey".

CONTABILIDAD ANTIGUA
Los escribas en el templo de la
pirámide de Neferirkaré (pág. 38)
mantenían un registro detallado
de todas las ofrendas. Estos
fragmentos son de los
primeros escritos en papiro
conocidos. Enlistaban las
entregas diarias de
comida, como
asados de carne,
pan y cerveza.

Puertas falsas y estelas

Los adoradores llegaban a orar y dejar ofrendas ante una estela o
puerta falsa en el templo mortuorio. La estela era un plancha de
piedra inscrita con el nombre del difunto y sus títulos. En el Imperio
Antiguo, solían tener la forma de una puerta falsa que conectaba al
mundo de los vivos con el mundo de los muertos. La puerta no se
abría. Se creía que el *Ka* (espíritu) de la persona muerta la atravesaba
para poder dejar la tumba y disfrutar de una comida en el templo.

*Los halcones
representan la
alta calidad de
la ropa*

Jeroglíficos mágicos

*La estela estaría
colocada en la cara
este de la tumba de
Nefertiabet*

Túnica de piel de leopardo

EL PAN DE CADA DÍA
La princesa Nefertiabet
fue enterrada en una
tumba en Guiza. Quizás
fue hija de uno de los
faraones que construyeron
ahí sus pirámides. Su
estela muestra a la
princesa con una túnica de
piel de leopardo de un
sacerdote. Está sentada
ante una mesa apilada con
hogazas de pan sagrado.
Una pierna de carne y un
ganso sin cabeza están
arriba de la mesa. A la
derecha hay una lista de
lino precioso para vestir a
la princesa en la otra vida.

La Gran Esfinge

Esfinge alada, de marfil

POR MÁS DE 4,500 AÑOS, la Esfinge ha vigilado la pirámide de Kefrén en Guiza. Tallada de un enorme afloramiento de piedra caliza, es la escultura más grande que sobrevive de la antigüedad. Tiene el cuerpo de un león y la cabeza de un rey. Las arenas deslizantes la enterraron hasta el cuello durante la mayor parte de su historia. Tutmosis IV intentó liberarla en 1400 a. C. Cuando era príncipe, se quedó dormido bajo la cabeza de la Esfinge, después de una cansada cacería en el desierto. En el sueño del príncipe, la Esfinge prometió convertirlo en rey si la liberaba de la sofocante arena. Luego de liberar a la Esfinge, el príncipe registró su sueño en una tabla de piedra entre sus enormes garras.

CABEZAS COMO CARNEROS
Posteriormente, la esfinge se hizo popular como una imagen de Amón, el dios dinástico más importante. Una avenida bordeada con esfinges con cabezas de carnero unía los grandes templos de Karnak y Luxor. Este par de esfinges de bronce son de Nubia (págs. 48-53).

LA BARBA DE LA ESFINGE
Este fragmento de la barba de la Esfinge se encontró en la arena bajo su cabeza. La barba quizás se añadió mil años después de que construyeron la Esfinge. Su superficie aún tiene rastros de su color rojo original. Parece que se sostenía en su sitio mediante una columna de piedra que incluía una estatua colosal del faraón.

ROTA Y DESGASTADA
La Esfinge fue tallada de un enorme afloramiento de roca demasiado desmoronadizo como para cortarlo en bloques para la construcción de la pirámide de Kefrén. Su forma quizá sugirió la silueta de un león, en la que los mamposteros de Kefrén tallaron una imagen de su rey. La escultura mide 187 pies (57 m) de largo y 66 pies (20 m) de alto. La piedra caliza se ha deteriorado a través de los siglos. Las garras se protegieron con revestimiento de piedra en la época romana y recientemente.

El revestimiento de piedra protege las garras

GUARDIÁN DE LA PIRÁMIDE
Estatuas de leones suelen vigilar las entradas de los templos egipcios. La Esfinge quizás se contruyó para proteger el complejo de la pirámide de Kefrén de la misma manera. No hay evidencia de que fuera adorada por derecho propio cuando se construyeron las pirámides. Pero después, la Esfinge fue identificada con Harmakis u "Horus en el horizonte", una forma del dios Sol.

La escultura tiene el tocado nemes, un símbolo de la realeza

En el siglo XV d. C., las tropas musulmanas destruyeron la nariz de la Esfinge, porque su religión prohíbe las imágenes de un dios

La Esfinge está junto a la calzada de la pirámide de Kefrén, mirando hacia el este, donde sale el Sol

La piedra caliza se erosionó por la arena y la contaminación

ENTERRADA EN LAS ARENAS DESLIZANTES
En 1818, un capitán marino italiano, Giovanni Caviglia, trató de encontrar una entrada a la Esfinge. Retiró la arena del pecho y descubrió una capilla. Éste fue uno de muchos intentos modernos por liberar a la Esfinge de las arenas del desierto. Fue desenterrada en 1925. A muchos conservacionistas les preocupa los efectos de la contaminación en su cuerpo desmoronadizo ¡y sugieren que estaría más segura enterrada de nuevo en la arena!

Estela de piedra (tabla) que colocó Tutmosis IV para registrar su sueño

Barca funeraria

Los BOTES FUERON el medio de transporte más importante para los antiguos egipcios. No tenían vehículos de ruedas ni caminos principales, su única vía era el Nilo. En su religión, los egipcios creían que el dios Sol Ra navegaba por el cielo en una barca (pág. 45). Mientras el faraón estaba vivo, recorría el Nilo y tomaba parte en los eventos del estado en un hermoso bote. Cuando moría, el faraón necesitaba un bote en la tierra de los difuntos. En los períodos Antiguo y Medio, solían enterrar los botes reales en fosos junto a la pirámide del faraón. El bote más famoso perteneció al rey Keops, constructor de la Gran Pirámide. Es grande, tiene 143 pies (43.5 m) de largo. En períodos posteriores, en lugar de las barcas reales se colocaban réplicas de éstas.

FORMA DE BARCO
En 1895, se encontraron dos botes de madera en un foso cerca de la pirámide de Sesostris III (pág. 42). Casi todos los fosos de barcas que se han excavado estaban vacíos. Los egipcios quizá creían que la forma excavada proporcionaba un sustituto mágico para una barca real.

REMO DE 3,800 AÑOS DE ANTIGÜEDAD
Los egipcios no tenían timones en sus botes, sino que los dirigían con remos largos montados en la popa (atrás) del barco. Éste es un remo que se encontró junto con una de las barcas funerarias de Sesostris III. Data del Período Medio, alrededor de 1850 a. C.

DE PESCA EN LOS PANTANOS DEL NILO
Esta escultura se encuentra en la tumba de Kagemni en Saqqara. Muestra a los hombres cazando desde un bote de carrizos. Como hay muy pocos árboles en el desierto egipcio, sólo las mejores barcas se fabricaban de madera, la cual debía importarse de Líbano. Otros se fabricaban de manojos de carrizos atados entre sí.

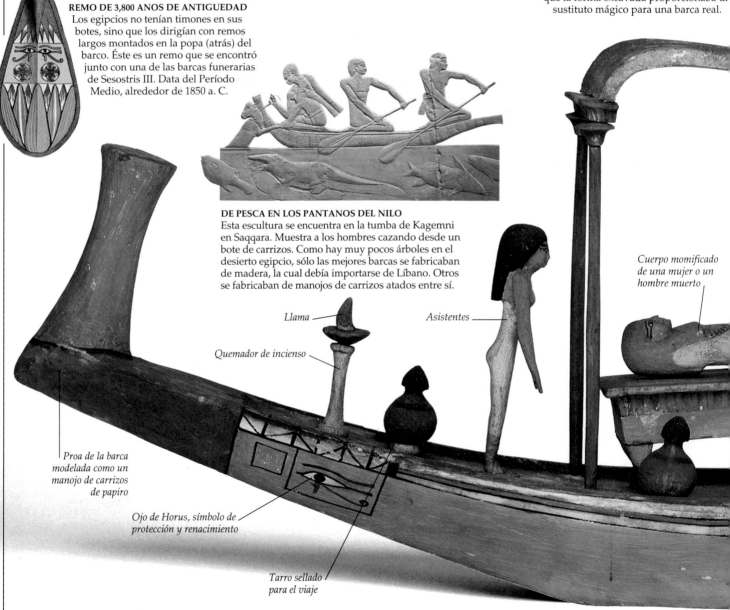

Cuerpo momificado de una mujer o un hombre muerto

Llama

Asistentes

Quemador de incienso

Proa de la barca modelada como un manojo de carrizos de papiro

Ojo de Horus, símbolo de protección y renacimiento

Tarro sellado para el viaje

UNA PROCESIÓN FÚNEBRE
El Libro de los Muertos es una serie de conjuros para ayudar al alma de un difunto en el viaje hacia la otra vida. Este detalle del libro por el escriba Hunefer muestra una procesión funeraria. La momia de Hunefer es llevada en un bote montado sobre un trineo que jalan los sacerdotes. Al frente de la procesión, los dolientes gimen y arrojan arena al aire.

Keops: barca funeraria

En 1954, un arqueólogo egipcio hizo un notable descubrimiento. Al sur de la Gran Pirámide de Guiza, descubrió el foso de un bote sellado por más de 4,500 años. Bajo los grandes bloques de piedra caliza había 651 piezas de madera tallada. Se unieron y formaron una elegante barca. El nombre del rey Keops, constructor de la Gran Pirámide, estaba escrito en algunas piezas. Debió de haber sido enterrado por su sucesor, Radjedef, después de la muerte de Keops.

La barca de Keops se exhibe en un museo junto a la Gran Pirámide

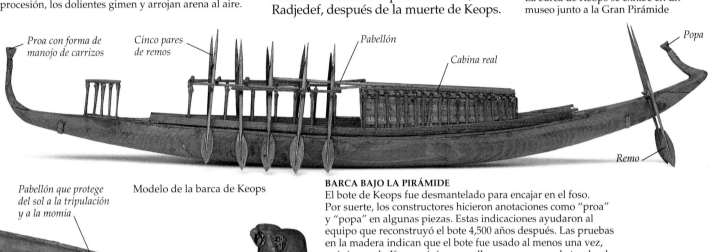

Proa con forma de manojo de carrizos

Cinco pares de remos

Pabellón

Cabina real

Popa

Remo

Modelo de la barca de Keops

BARCA BAJO LA PIRÁMIDE
El bote de Keops fue desmantelado para encajar en el foso. Por suerte, los constructores hicieron anotaciones como "proa" y "popa" en algunas piezas. Estas indicaciones ayudaron al equipo que reconstruyó el bote 4,500 años después. Las pruebas en la madera indican que el bote fue usado al menos una vez, quizá cuando Keops vivía o para llevar su cuerpo a la tumba de la pirámide durante su funeral.

Pabellón que protege del sol a la tripulación y a la momia

Cabezas de halcón

Remos

Un remero agachado en la popa

Popa de madera tallada en forma de manojo de carrizos de papiro

Sacerdote con cabeza afeitada

Decoración de hoja de papiro pintada en las palas

BARCA FUNERARIA DEL PERÍODO MEDIO
Este bote modelo lleva a una momia en un peregrinaje a Abydos. Esta ciudad sagrada fue el centro de adoración del dios Osiris, que se creía que había resucitado entre los muertos. Todos los egipcios esperaban que su momia siguiera el ejemplo de Osiris. El bote quizá data del Período Medio, 2055-1650 a. C. En ese tiempo, solían colocar botes chicos de madera en las tumbas, junto con numerosos objetos, como comida, maquillaje y muebles que el difunto necesitaría en la otra vida.

Planificación de la pirámide

LAS PIRÁMIDES REQUIRIERON de una planeación cuidadosa. Primero, tenían que elegir un sitio, el cual, por motivos religiosos, siempre era en la ribera oeste del Nilo, donde se pone el Sol. Debía estar cerca del río, porque las piedras llegaban en bote, pero arriba del nivel de inundación. La pirámide requería de una base sólida de roca que soportara el enorme peso. Luego nivelaban el sitio y calculaban el norte real, para que los lados pudieran alinearse con los cuatro puntos de la brújula. Los egipcios quizás hacían esto valiéndose de las estrellas, puesto que no tenían brújulas magnéticas. Tenían escuadras y herramientas especiales, como el *merkhet* para ayudarse en sus cálculos.

Colocan estacas en los cimientos

PROPORCIONES DIVINAS
Como la escultura y la pintura, la construcción de pirámides siguió un sistema fijo de proporción. Los modelos de los artistas, como éste, muestran que los egipcios dibujaban un cuadriculado de líneas horizontales y verticales, que llamaban "proporciones divinas". Usaban modelos chicos o bosquejos para planear sus obras grandes. Se encontraron dos modelos chicos de pirámides de piedra caliza y no hay forma de saber si se hicieron antes o después de las pirámides.

NIVELACIÓN CON ESTACAS
Esta cuerda antigua en una estaca es quizá parte de un par que se usó para marcar los cimientos de una construcción. La esquina sureste de la Gran Pirámide es sólo 0.5 pulg (1.3 cm) más alta que la esquina noroeste. Esta precisión increíble la lograron excavando zanjas, llenándolas con agua y marcando el nivel. Luego, retiraron toda la roca arriba de la línea, hasta que la base quedó perfectamente plana.

Estaca de madera

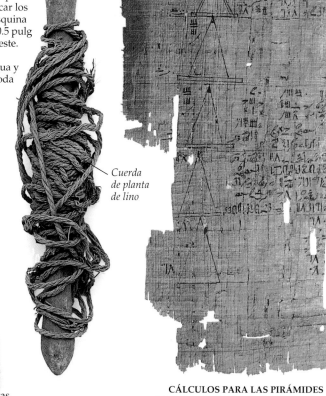

Cuerda de planta de lino

GARANTÍA DE ENCAJE AJUSTADO
Los albañiles egipcios tenían herramientas llamadas varas de medir para dejar lisos los bloques de piedra. Esta escena de la tumba de Rekhmire (hacia 1450 a. C.) muestra su uso. Los albañiles sostenían las varas en ángulos rectos con la piedra para que la cuerda se tensara, y las alisaban con cincel.

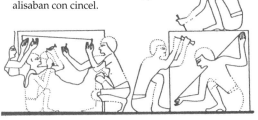

RUPTURA DE REGLAS
La unidad básica de medida era el codo, el largo desde el codo hasta la punta del pulgar. Equivalía a 20.62 pulg (52.4 cm). La vara de madera de abajo está marcada en codos, palmas y dedos. Una palma tenía cuatro dedos y un codo siete palmas. Los egipcios enterraban también codos de ritual durante las ceremonias de cimentación.

Par de varas de medir

Fragmento de vara de codo de ritual, de esquisto

CÁLCULOS PARA LAS PIRÁMIDES
Esto es parte del Papiro Rhind escrito alrededor de 1550 a. C. Muestra una serie de problemas acerca de la relación entre el ángulo de una pirámide y sus dimensiones generales. El ángulo de los lados curvados se llama el *seked*. Es igual a la mitad del ancho de la base, dividido entre la altura de la pirámide y multiplicado por siete.

El escriba usa una peluca doble y su cabeza podría estar afeitada

Esta estatua de cuarcita café data de 700 a. C.

Tinteros y paleta sobre el hombro

Cortan la tierra

Vierten semillas o incienso

Moldean el primer ladrillo de barro

BENDICIÓN DE LOS CIMIENTOS
Los cimientos de un edificio tenían un significado mágico para los egipcios. En los dibujos, el faraón hace ritos sagrados en la ceremonia de cimentación del templo Edfu. Es como la costumbre actual de que alguien famoso ponga la primera piedra.

ANOTACIONES
Los escribas registraban las etapas de planeación de la pirámide. En el sitio de la construcción, anotaban cuánta piedra se usaba y qué herramientas se les daban a cada equipo. Si un trabajador se reportaba enfermo, el escriba apuntaba su excusa.

El escriba sostiene un papiro desenrollado con su nombre, Pes-shu-per, escrito en jeroglíficos

EL JEFE DE ESCRIBAS
Los títulos de Hesire incluían el de "jefe de escribas" y "jefe dentista". Esta imagen de él data de 2700 a. C., época en la que construyeron la Pirámide Escalonada en Saqqara (págs. 10-13). Lo muestran con tinteros, paleta y estuche de plumas sobre su hombro. Sostiene bastón y cetro, símbolos de autoridad, y está sentado a la mesa con hogazas de pan.

Los escribas se representan sentados con las piernas cruzadas

Texto de jeroglíficos para asegurar ofrendas a los dioses para la eternidad

Construcción de ladrillo y piedra

SE NECESITABAN CIENTOS DE MILES de piezas de piedra para construir una pirámide. La Gran Pirámide tiene cerca de 2,300,000 bloques, que pesan 2.5 toneladas. Las losas más grandes, en el techo de la Cámara del Rey, pesan 50 toneladas. Excavar toda esta piedra y llevarla al sitio fue una tarea impresionante. El centro de la pirámide es de piedra caliza local, una roca blanda. La piedra caliza de alta calidad del recubrimiento exterior llegó de Tura, al otro lado del Nilo. Algunas cámaras internas y pasajes son de granito, una piedra más dura que llegó de Asuán, 500 millas (800 km) río arriba. Todo el año, cuadrillas de trabajadores en las canteras sacaban bloques de piedra del suelo. Cuando el río se desbordaba y llegaba cerca de las canteras, cargaban los bloques en botes y los llevaban al sitio de la pirámide. Las cuadrillas escribían sus nombres en las piedras. Algunos bloques de la Pirámide de Meidum dicen "Cuadrilla del Bote", "Cuadrilla Resistente" o "Cuadrilla Vigorosa".

BASALTO
Esta piedra negra y dura podía pulirse bien. Esto la hizo popular para sarcófagos, esculturas e inscripciones monumentales, como la Piedra Roseta.

Ambos cartuchos (nombres reales) de Ramsés II, quien reinó de 1279 a 1213 a. C.

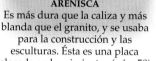

ARENISCA
Es más dura que la caliza y más blanda que el granito, y se usaba para la construcción y las esculturas. Ésta es una placa colocada en los cimientos (pág. 50) del templo de Ptah en Menfis.

GRANITO
Esta piedra dura y pesada la usaban para esculturas y sarcófagos (ataúdes de piedra) y, a veces, para el recubrimiento de pasajes y cámaras en el interior de las pirámides. Era muy difícil extraerla. Un obelisco inconcluso aún se encuentra en la cantera de Asuán. Pesa más de 1,000 toneladas y habría tenido 100 pies (30 m) de altura.

TRANSPORTE DE PIEDRAS
Las canteras y las pirámides estaban cerca del Nilo para poder transportar las piedras en bote. Este tallado de la tumba del funcionario Ipi muestra un bote de carga transportando un enorme bloque de piedra. La vela está enrollada y el bote quizá navega con la corriente (al norte).

PROYECTO DE RESTAURACIÓN
La mejor piedra caliza de Tura la reservaban para el recubrimiento exterior de la pirámide. La mayoría de estos "bloques de recubrimiento" los quitaron constructores posteriores, demasiado flojos para extraer su propia piedra. Este bloque muestra el ángulo original de la pirámide de Unas en Saqqara, hacia 2345 a. C., que se derrumbó en una pila de escombros. Más de mil años después de construida, Khaem-waset, hijo de Ramsés II, trató de restaurarla.

PIEDRA CALIZA
Las pirámides del Imperio Antiguo fueron principalmente de piedra caliza. Como el papiro (el papel de los antiguos egipcios) era muy costoso, los bosquejos y las notas se hacían en fragmentos de cerámica o piedra caliza y se llamaban *ostraca*. Este *ostracon* tiene un bosquejo del dios Osiris.

SUPERFICIE ROTA
Vistas desde un costado, las pirámides de Guiza parecen escalonadas. Ésta es la pirámide de Micerino. La piedra caliza original de Tura tenía una superficie plana y pulida que brillaba bajo el sol egipcio.

LADRILLEROS
Esta pintura de la tumba de Rekhmire en Tebas, hacia 1450 a. C., muestra a los trabajadores mezclando y moldeando los ladrillos de barro.

La paja y la arena evitan que el ladrillo se quiebre al secarse

Cartucho

SELLO REAL
Los ladrillos de barro solían estar sellados con el nombre del faraón. Este sello de madera tiene la cartucho del rey Amenofis II, hacia 1400 a. C.

Ladrillos de barro

Fueron el material de construcción más común en el antiguo Egipto. Las pirámides del Imperio Medio sólo tenían un recubrimiento externo de piedra caliza. Hoy, los ladrillos de barro aún se fabrican con el mismo proceso usado por los antiguos. El lodo húmedo del Nilo lo mezclaban con paja y arena y lo colocaban en un molde de madera; luego ponían a secar los ladrillos bajo los rayos del sol. La palabra egipcia para ladrillo, *tobe*, dio origen a la palabra actual *adobe*, un tipo de ladrillo.

Ladrillo de barro de Tebas, hacia 1000 a. C.

Un trabajador deja hileras de ladrillos para que se sequen al sol, en esta pintura de la tumba de Rekhmire

Herramientas

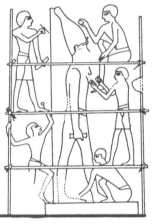

TALADRO DE ROCAS
Este trozo curvo de pedernal es una herramienta egipcia de la época de las pirámides. Parece muy frágil para trabajar la piedra, pero unido a un palo y girándolo vigorosamente con un arco, sirvió como un taladro potente. Para un corte más liso, el taladro se usaba con arena o cuarzo molido, mezclado con agua o aceite de oliva.

Aᴸʀᴇᴅᴇᴅᴏʀ ᴅᴇ templos, tumbas y pirámides, los egiptólogos encontraron herramientas que dejaron constructores y escultores. Algunas se perdieron o rompieron ahí, pero otras las dejaron por razones religiosas. Los egipcios creían que un edificio sagrado, como un templo o una pirámide, tenía un espíritu que debía repararse en el otro mundo. Los trabajadores dejaban las herramientas para que sus espíritus las usaran cuando murieran. El diseño de éstas casi no ha cambiado con el paso de los siglos y es sorprendente las maravillas que se crearon con utensilios tan simples.

CAPATAZ E HIJO
Las herramientas eran preciosas. Cada mañana, un capataz las entregaba a su equipo de trabajadores mientras los organizaba y las guardaba por la noche. Esta pintura muestra a Anherkhau, capataz que trabajó en el Valle de los Reyes, con su hijo. Data de 1150 a. C.

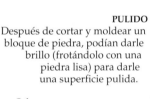

CADA VEZ MÁS ALTO
Las pinturas antiguas muestran que los egipcios construían andamiajes. Este detalle de la tumba de Rekhmire, hacia 1450 a. C., presenta a los trabajadores que dan los toques finales a una estatua del faraón. Están de pie sobre una red de postes ligeros unidos con nudos de cuerda vegetal.

PULIDO
Después de cortar y moldear un bloque de piedra, podían darle brillo (frotándolo con una piedra lisa) para darle una superficie pulida.

Cobre

Bronce

ROCA DURA
Casi todas las piedras son muy duras para trabajarlas con herramientas de cobre, por eso las sacaban con piezas de dolerita, una roca muy dura. Este triturador es de granito.

MAZO
Durante miles de años, los albañiles de todo el mundo han golpeado sus cinceles con los mazos (martillos de madera). Éste se hizo con una madera muy dura.

CINCELES
Los albañiles trabajaban la piedra con cinceles. Éstos de bronce y cobre se usaban para crear los detalles finos. Calentaban las puntas para que cortaran mejor.

Empujaban el extremo ancho de la "ensambladura" dentro de un hueco en la piedra y lo pegaban con yeso o mezcla

ABRAZADERA
Las abrazaderas de mariposa se usaban para unir los bloques de piedra. Los extremos anchos se fijaban dentro de los hoyos de las dos piedras. Muchas tienen el cartucho (nombre) del constructor.

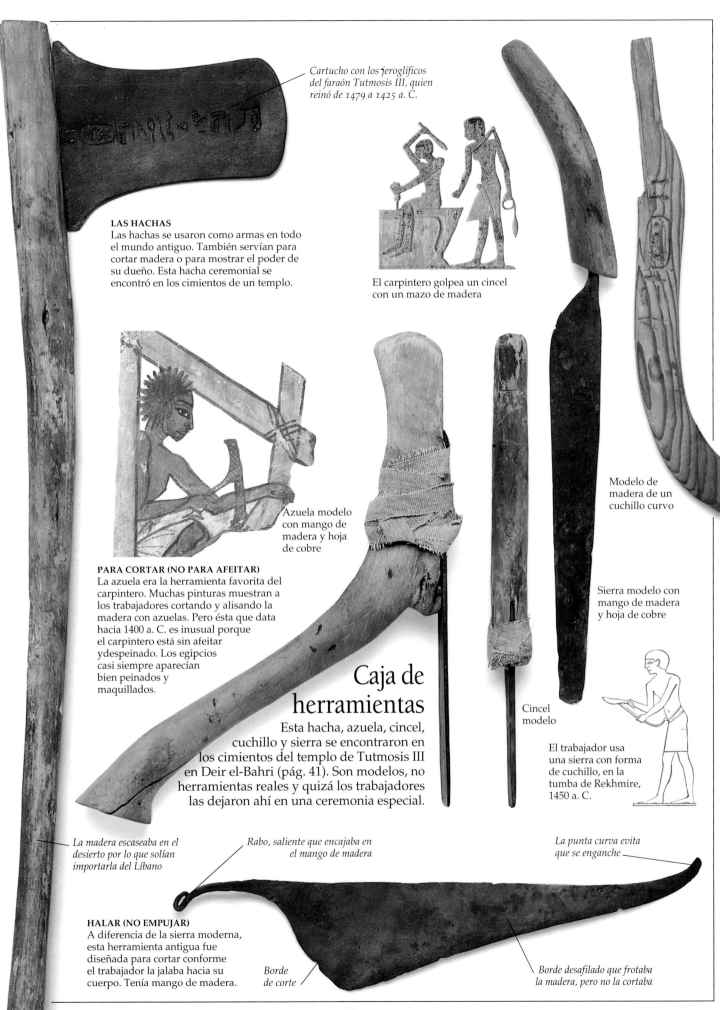

Cartucho con los jeroglíficos del faraón Tutmosis III, quien reinó de 1479 a 1425 a. C.

LAS HACHAS
Las hachas se usaron como armas en todo el mundo antiguo. También servían para cortar madera o para mostrar el poder de su dueño. Esta hacha ceremonial se encontró en los cimientos de un templo.

El carpintero golpea un cincel con un mazo de madera

Azuela modelo con mango de madera y hoja de cobre

Modelo de madera de un cuchillo curvo

PARA CORTAR (NO PARA AFEITAR)
La azuela era la herramienta favorita del carpintero. Muchas pinturas muestran a los trabajadores cortando y alisando la madera con azuelas. Pero ésta que data hacia 1400 a. C. es inusual porque el carpintero está sin afeitar ydespeinado. Los egipcios casi siempre aparecían bien peinados y maquillados.

Sierra modelo con mango de madera y hoja de cobre

Caja de herramientas
Esta hacha, azuela, cincel, cuchillo y sierra se encontraron en los cimientos del templo de Tutmosis III en Deir el-Bahri (pág. 41). Son modelos, no herramientas reales y quizá los trabajadores las dejaron ahí en una ceremonia especial.

Cincel modelo

El trabajador usa una sierra con forma de cuchillo, en la tumba de Rekhmire, 1450 a. C.

La madera escaseaba en el desierto por lo que solían importarla del Líbano

Rabo, saliente que encajaba en el mango de madera

La punta curva evita que se enganche

HALAR (NO EMPUJAR)
A diferencia de la sierra moderna, esta herramienta antigua fue diseñada para cortar conforme el trabajador la jalaba hacia su cuerpo. Tenía mango de madera.

Borde de corte

Borde desafilado que frotaba la madera, pero no la cortaba

La pirámide se eleva

No sobreviven registros que indiquen cómo se construyeron las pirámides. El único relato antiguo, del historiador griego Herodoto, se escribió 2,000 años después y no es de confianza. Él aseguró que cuadrillas de 100,000 trabajadores laboraron 20 años para construir la Gran Pirámide. Ahora creemos que unos 4,000 obreros hábiles trabajaron todo un año. Este número aumentaba durante *Akhet*, el diluvio anual, que duraba tres meses. Entonces, miles de campesinos dejaban sus campos inundados y ayudaban en la construcción. Hay muchas teorías acerca de cómo colocaron en su sitio los pesados bloques de piedra. Según Herodoto, se usaron máquinas para levantarlos, pero no hay evidencia de eso. Es más factible que arrastraran las piedras por una rampa que crecía conforme se elevaba la pirámide.

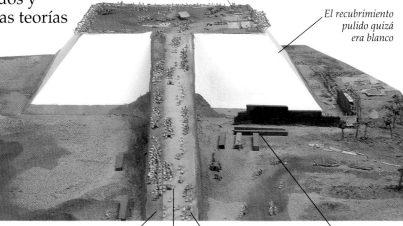

RAMPA DE LADRILLOS DE BARRO
Se han encontrado restos de rampas cerca de varias pirámides. Este dibujo detallado es de la tumba de Rekhmire, construida 1,000 años después que la Gran Pirámide. Muestra un bloque de piedra sobre la rampa

El recubrimiento pulido quizá era blanco

TRÁNSITO EN DOBLE SENTIDO
La rampa quizá se organizaba en dos carriles, uno para subir y otro para bajar. El carril izquierdo, de este modelo, está en construcción y cerrado al tránsito.

Lado de la rampa que se eleva

Suben las piedras

Bajan los trineos vacíos

Bloques listos para subirlos por la rampa

CONSTRUCCIÓN DE UNA PIRÁMIDE AUTENTICA
Este modelo muestra la teoría más popular, el uso de una rampa larga. A medida que la pirámide crecía en altura, la rampa aumentaba en altitud y longitud. La punta de la pirámide era una gran plataforma cuadrada lista para recibir la siguiente capa de piedras. En el modelo, el recubrimiento exterior de piedra fina se añade conforme se termina cada capa. Algunos expertos opinan que toda la pirámide fue revestida al final, de arriba hacia abajo. El bote entrega los troncos que se usan en rampas, rodillos y andamios.

La rampa era angosta y se mantenía en un ángulo moderado

Al menos 30 hombres por trineo jalan las piedras por la rampa

GRAN ARRASTRE

Los trineos de madera con rodillos eran la mejor forma de mover cargas pesadas; son comunes en el arte egipcio y se han encontrado varios trineos reales. Esta pintura en papiro (hacia 1000 a. C.) es de una procesión funeraria. Los hombres jalan el ataúd, que está cubierto por un pabellón y colocado sobre un trineo. Para mover las piedras, los trabajadores quizá ponían los troncos a lo ancho de la rampa para evitar que los trineos se atascaran en el lodo.

ESPIRAL ASCENDENTE

Algunos expertos propusieron que las piedras se subían con un sistema de rampas espirales que rodeaban a la pirámide. Quizá los colocaban sobre los bloques de recubrimiento o en los cimientos que estaban al frente de la pirámide, pero así sería imposible pasar las piedras por las esquinas. Las rampas espirales también oscurecerían toda la pirámide, lo que dificultaría la medición. Para asegurarse de que los cuatro lados se unieran en un punto perfecto, se requería de una medición constante.

CHASQUEAR EL LÁTIGO

Los dibujos románticos y las películas suelen mostrar a los esclavos sudorosos y sometidos a latigazos por los jefes. Esto no es verdad. El trabajo pesado lo hacían los campesinos, pues creían que su faraón era un dios y probablemente se sentían felices de ayudarlo a alcanzar la vida eterna.

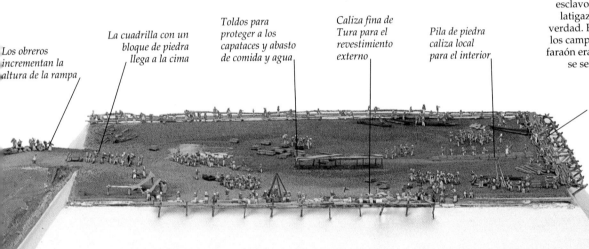

Los obreros incrementan la altura de la rampa

La cuadrilla con un bloque de piedra llega a la cima

Toldos para proteger a los capataces y abasto de comida y agua

Caliza fina de Tura para el revestimiento externo

Pila de piedra caliza local para el interior

Las cuadrillas están sobre los andamios para colocar el revestimiento final

Trabajo en progreso en la entrada a los pasajes internos de la cara norte de la pirámide

Al estar más alta la pared, los trabajadores usan andamios de madera

Cuadrillas de trabajadores construyen la muralla que rodeará la pirámide

Una lenta decadencia

ACCESO FÁCIL
Las V y VI dinastías de reyes no se esforzaron mucho para ocultar las entradas a sus pirámides. Esto facilitó que los ladrones de tumbas entraran. Este dibujo muestra la entrada a la pirámide de Neuserré en Abusir. Es del famoso libro de Howard Vyse, *The Pyramids of Gizeh*, publicado en 1837.

L<small>AS</small> V <small>Y</small> VI <small>DINASTÍAS</small> de los reyes de Egipto continuaron la tradición de construir pirámides, pero las suyas fueron más chicas y no tan bien construidas. La más grande, construida para el rey Neferirkaré en Abusir, es casi del mismo tamaño que la pirámide de Micerino, la más chica del trío de Guiza. Los reyes aún revestían sus pirámides con piedra caliza fina de Tura y abajo había un núcleo de piedras chicas unidas. Éstas se han caído lentamente y sólo quedan unas pilas de escombros. El culto al dios sol aumentó en este período y le construyeron muchos templos. Estas construcciones fueron sitios de adoración y centros de ofrendas de comida, que se llevaban en bote y se colocaban en los templos cercanos a la pirámide.

JEROGLÍFICOS MÁGICOS
Los conjuros mágicos eran esenciales para garantizar la supervivencia del rey en la otra vida. Los jeroglíficos de la pirámide de Sahuré establecen sus títulos reales.

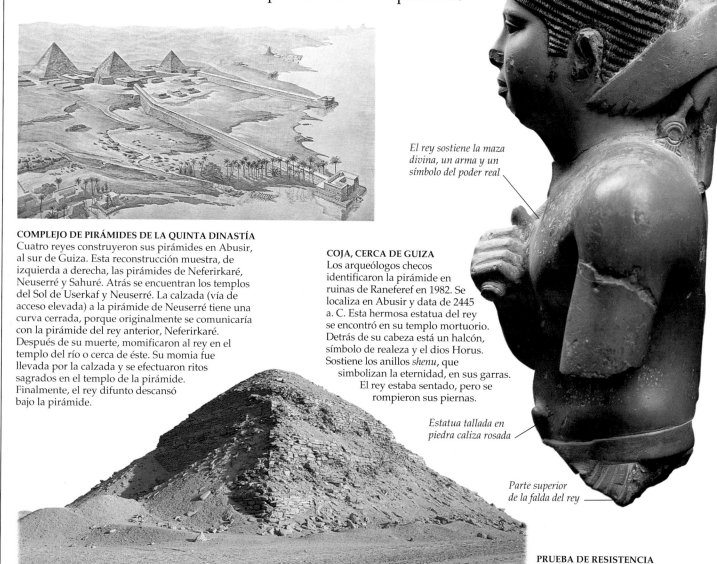

Halcón

El rey sostiene la maza divina, un arma y un símbolo del poder real

COMPLEJO DE PIRÁMIDES DE LA QUINTA DINASTÍA
Cuatro reyes construyeron sus pirámides en Abusir, al sur de Guiza. Esta reconstrucción muestra, de izquierda a derecha, las pirámides de Neferirkaré, Neuserré y Sahuré. Atrás se encuentran los templos del Sol de Userkaf y Neuserré. La calzada (vía de acceso elevada) a la pirámide de Neuserré tiene una curva cerrada, porque originalmente se comunicaría con la pirámide del rey anterior, Neferirkaré. Después de su muerte, momificaron al rey en el templo del río o cerca de éste. Su momia fue llevada por la calzada y se efectuaron ritos sagrados en el templo de la pirámide. Finalmente, el rey difunto descansó bajo la pirámide.

COJA, CERCA DE GUIZA
Los arqueólogos checos identificaron la pirámide en ruinas de Raneferef en 1982. Se localiza en Abusir y data de 2445 a. C. Esta hermosa estatua del rey se encontró en su templo mortuorio. Detrás de su cabeza está un halcón, símbolo de realeza y el dios Horus. Sostiene los anillos *shenu*, que simbolizan la eternidad, en sus garras. El rey estaba sentado, pero se rompieron sus piernas.

Estatua tallada en piedra caliza rosada

Parte superior de la falda del rey

PRUEBA DE RESISTENCIA
A pesar de su nombre, "Los sitios de Neuserré son resistentes", esta pirámide sólo es una pila de arena y escombros.

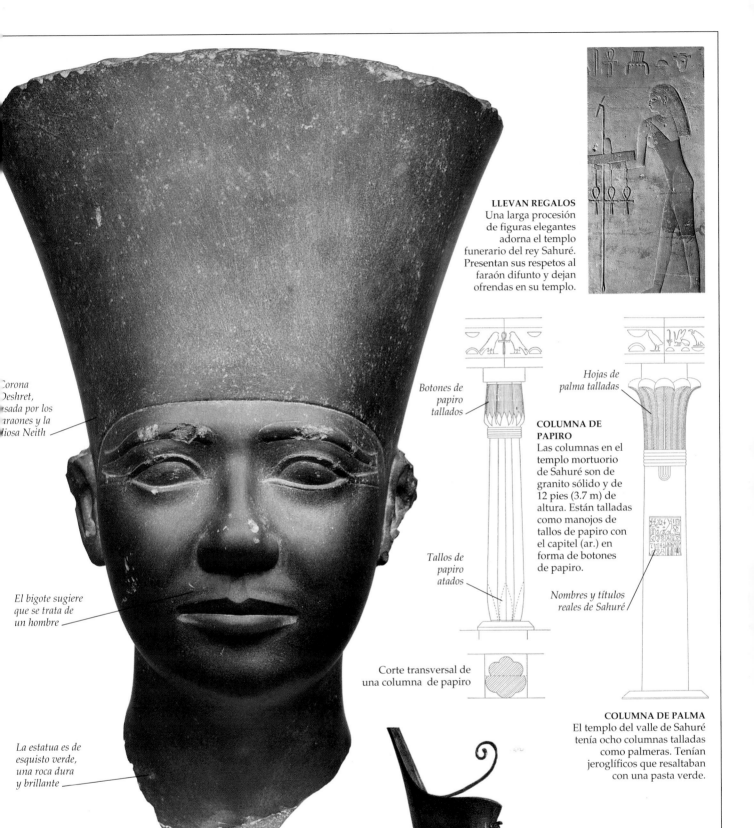

LLEVAN REGALOS
Una larga procesión de figuras elegantes adorna el templo funerario del rey Sahuré. Presentan sus respetos al faraón difunto y dejan ofrendas en su templo.

Corona Deshret, usada por los faraones y la diosa Neith

El bigote sugiere que se trata de un hombre

La estatua es de esquisto verde, una roca dura y brillante

Botones de papiro tallados

Hojas de palma talladas

COLUMNA DE PAPIRO
Las columnas en el templo mortuorio de Sahuré son de granito sólido y de 12 pies (3.7 m) de altura. Están talladas como manojos de tallos de papiro con el capitel (ar.) en forma de botones de papiro.

Tallos de papiro atados

Nombres y títulos reales de Sahuré

Corte transversal de una columna de papiro

COLUMNA DE PALMA
El templo del valle de Sahuré tenía ocho columnas talladas como palmeras. Tenían jeroglíficos que resaltaban con una pasta verde.

RETRATO MISTERIOSO
Una interesante leyenda sobre el inicio de la v dinastía se menciona en un papiro en el Museo de Berlín. En esta historia, la esposa de un sacerdote tiene tres hijos con el dios Sol Ra. Muchos dioses y diosas llegan al nacimiento y la diosa Isis da nombres a los tres "Hijos de Ra". Fueron Userkaf, Sahuré y Neferirkaré, los primeros tres reyes de la v dinastía. Userkaf construyó su pirámide en Saqqara. Esta estatua se encontró en las ruinas de su templo al Sol, cerca de Abusir. Como las estatuas de los reyes suelen tener barbas, algunos expertos creen que quizá representa a la diosa Neith, pero el ligero bigote y la ubicación de la estatua sugieren que es un retrato real de Userkaf.

DE REGRESO A SAQQARA
Pepi I fue un faraón de la vi dinastía, famoso por su estatua de cobre de tamaño real. Este retrato de Winifred Brunton (págs. 42-43) se basa en ella. Como la mayoría de los reyes de las v y vi dinastías, Pepi I erigió su pirámide en Saqqara. La llamó "Pepi está establecido y hermoso". El rey de la vi dinastía, Pepi II, reinó 94 años, más que cualquier otro faraón. Poco después de su muerte, en 2184 a. C., el Período Antiguo se derrumbó. Pasaron más de 200 años antes de que construyeran otra pirámide auténtica.

Renacimiento del Período Medio

LUEGO DE UN LARGO PERÍODO DE DESORDEN y guerra civil, Egipto se reunificó en 2055 a. C. El período que siguió se conoce como el Período Medio. Los reyes poderosos extendieron el imperio y revivieron la tradición de construir pirámides. Se inspiraron en las grandes pirámides del Período Antiguo y solían construir sus tumbas cerca de los sitios antiguos. Las pirámides del Período Medio no tienen la misma grandeza. En general tenían un centro de ladrillos de barro, que se ha derrumbado lentamente a través de los años. Los faraones del Período Medio crearon disposi- tivos complicados y pasajes falsos para evitar que los ladrones encontraran sus cámaras funerarias. A los reyes los enterraban con tesoros invaluables y los ladrones no se detuvieron ante nada. A pesar de las precauciones tomadas, todas las pirámides fueron saqueadas en el período de desorden que siguió al final del Período Medio en 1650 a. C.

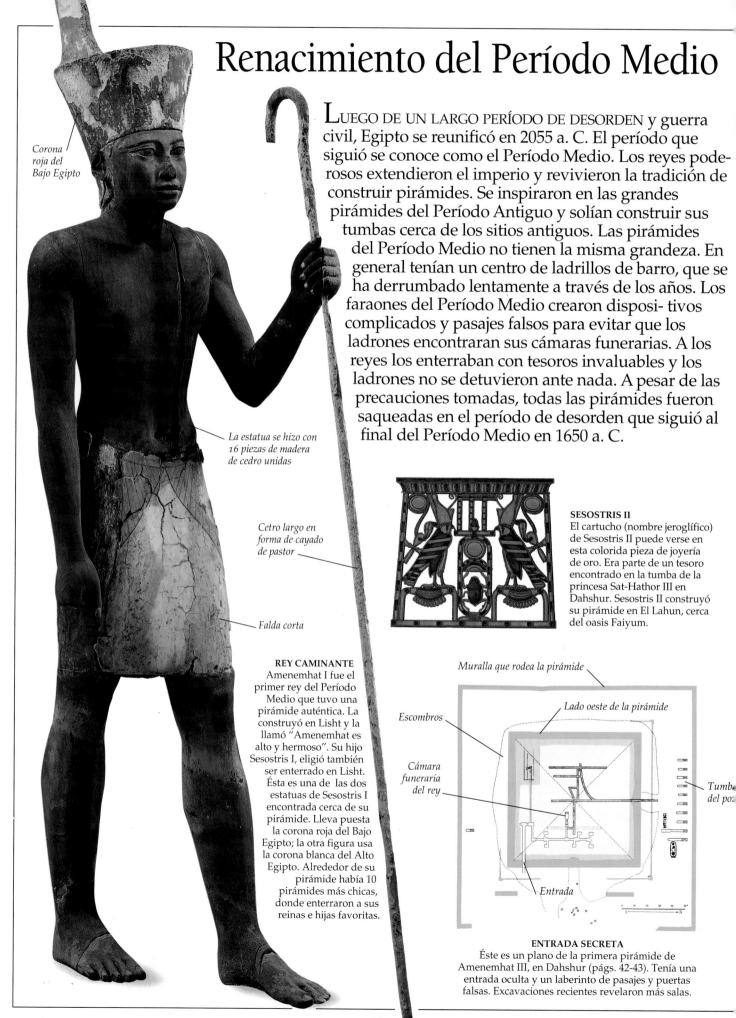

Corona roja del Bajo Egipto

La estatua se hizo con 16 piezas de madera de cedro unidas

Cetro largo en forma de cayado de pastor

Falda corta

SESOSTRIS II
El cartucho (nombre jeroglífico) de Sesostris II puede verse en esta colorida pieza de joyería de oro. Era parte de un tesoro encontrado en la tumba de la princesa Sat-Hathor III en Dahshur. Sesostris II construyó su pirámide en El Lahun, cerca del oasis Faiyum.

REY CAMINANTE
Amenemhat I fue el primer rey del Período Medio que tuvo una pirámide auténtica. La construyó en Lisht y la llamó "Amenemhat es alto y hermoso". Su hijo Sesostris I, eligió también ser enterrado en Lisht. Ésta es una de las dos estatuas de Sesostris I encontrada cerca de su pirámide. Lleva puesta la corona roja del Bajo Egipto; la otra figura usa la corona blanca del Alto Egipto. Alrededor de su pirámide había 10 pirámides más chicas, donde enterraron a sus reinas e hijas favoritas.

Muralla que rodea la pirámide

Lado oeste de la pirámide

Escombros

Cámara funeraria del rey

Tumb del po

Entrada

ENTRADA SECRETA
Éste es un plano de la primera pirámide de Amenemhat III, en Dahshur (págs. 42-43). Tenía una entrada oculta y un laberinto de pasajes y puertas falsas. Excavaciones recientes revelaron más salas.

Gran templo en Deir el-Bahri

El primer faraón del Imperio Medio, Nebhepetra Menthotpe, fue uno de los más grandes gobernantes de Egipto. Durante sus 51 años en el trono, el arte y la arquitectura empezaron a prosperar de nuevo. Menthotpe eligió una ensenada en los riscos de Deir el-Bahri, cerca de Tebas, para su templo funerario. Este complejo inusual tenía columnatas, una rampa e hileras de estatuas y árboles. En una terraza elevada había seis capillas con pozos que conducían a las tumbas de las esposas y las hijas del rey. Había dos tumbas más abajo del templo, pero ni la momia ni el sarcófago de Menthotpe se encontraron. Todo el complejo está mal conservado y fue ensombrecido por un templo similar más grande construido 500 años después por la reina Hatshepsut.

SANTUARIO DE SANTUARIOS
En su época, Hatshepsut fue famosa por su radiante belleza. Los antiguos egipcios llamaban a su templo Djeseru-Djeseru, "Santuario de Santuarios".

REINA CON BARBA
Hatshepsut fue una de las pocas mujeres coronada faraona de Egipto. Para fortalecer su ascenso al trono, se representó como la hija del dios Amón. Esta escena del templo Karnak la muestra corriendo en el patio real *sed* (págs. 12-13). Lleva una barba falsa, señal de realeza.

¿PIRÁMIDE O MASTABA?
¿El templo de Menthotpe fue cubierto con una pirámide de piedra? Casi todos los expertos así lo creían, pero un estudio reciente sugirió que el último piso pudo haber sido una mastaba con techo plano.

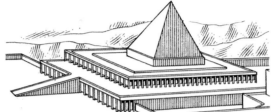

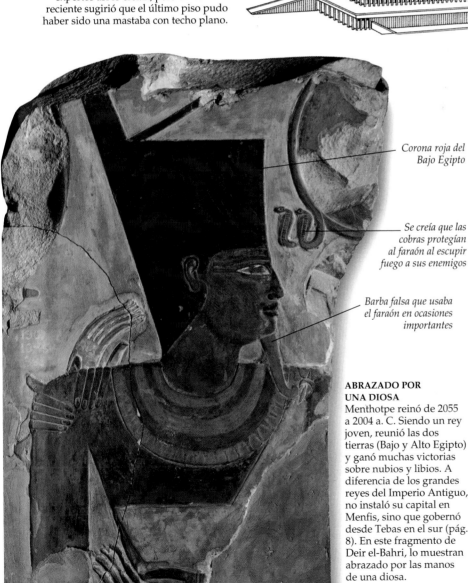

Corona roja del Bajo Egipto

Se creía que las cobras protegían al faraón al escupir fuego a sus enemigos

Barba falsa que usaba el faraón en ocasiones importantes

ABRAZADO POR UNA DIOSA
Menthotpe reinó de 2055 a 2004 a. C. Siendo un rey joven, reunió las dos tierras (Bajo y Alto Egipto) y ganó muchas victorias sobre nubios y libios. A diferencia de los grandes reyes del Imperio Antiguo, no instaló su capital en Menfis, sino que gobernó desde Tebas en el sur (pág. 8). En este fragmento de Deir el-Bahri, lo muestran abrazado por las manos de una diosa.

RELIEVE A COLOR
Los muros del templo de Menthotpe en Deir el-Bahri estaban cubiertos por coloridas pinturas. Miles de fragmentos rotos se han encontrado en las ruinas. Ahora están en museos en todo el mundo. Este fragmento muestra a un hombre, quizá portador de ofrendas, está en el Museo Bolton, en Inglaterra.

41

Continúa en la siguiente página

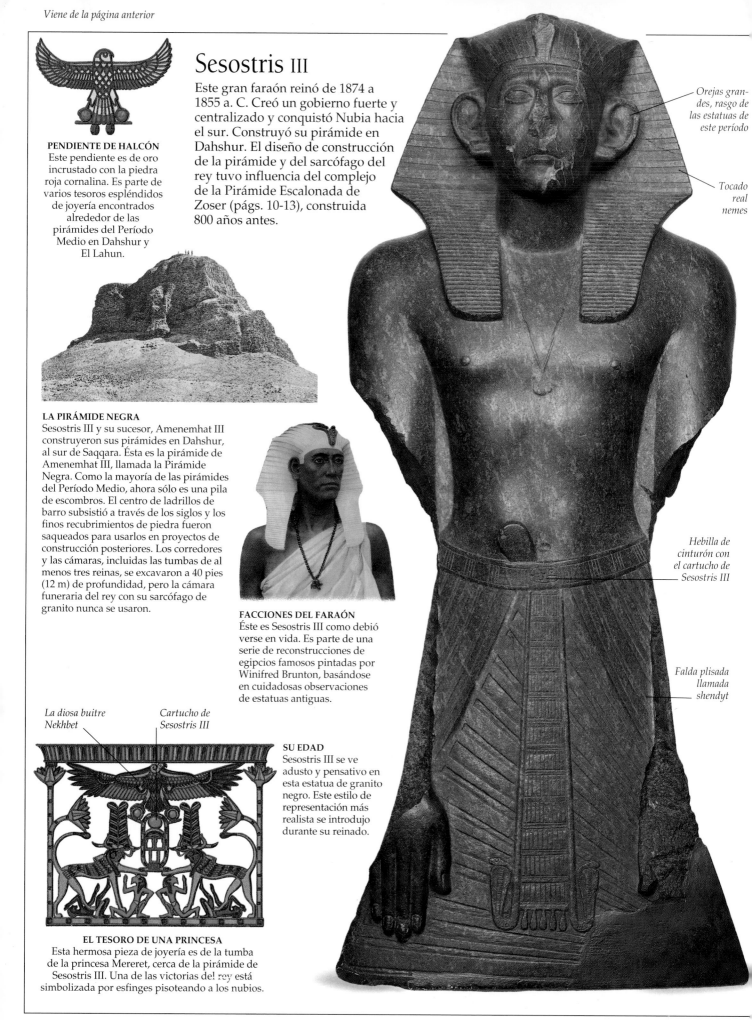

PENDIENTE DE HALCÓN
Este pendiente es de oro incrustado con la piedra roja cornalina. Es parte de varios tesoros espléndidos de joyería encontrados alrededor de las pirámides del Período Medio en Dahshur y El Lahun.

Sesostris III

Este gran faraón reinó de 1874 a 1855 a. C. Creó un gobierno fuerte y centralizado y conquistó Nubia hacia el sur. Construyó su pirámide en Dahshur. El diseño de construcción de la pirámide y del sarcófago del rey tuvo influencia del complejo de la Pirámide Escalonada de Zoser (págs. 10-13), construida 800 años antes.

Orejas grandes, rasgo de las estatuas de este período

Tocado real nemes

LA PIRÁMIDE NEGRA
Sesostris III y su sucesor, Amenemhat III construyeron sus pirámides en Dahshur, al sur de Saqqara. Ésta es la pirámide de Amenemhat III, llamada la Pirámide Negra. Como la mayoría de las pirámides del Período Medio, ahora sólo es una pila de escombros. El centro de ladrillos de barro subsistió a través de los siglos y los finos recubrimientos de piedra fueron saqueados para usarlos en proyectos de construcción posteriores. Los corredores y las cámaras, incluidas las tumbas de al menos tres reinas, se excavaron a 40 pies (12 m) de profundidad, pero la cámara funeraria del rey con su sarcófago de granito nunca se usaron.

Hebilla de cinturón con el cartucho de Sesostris III

FACCIONES DEL FARAÓN
Éste es Sesostris III como debió verse en vida. Es parte de una serie de reconstrucciones de egipcios famosos pintadas por Winifred Brunton, basándose en cuidadosas observaciones de estatuas antiguas.

Falda plisada llamada shendyt

La diosa buitre Nekhbet

Cartucho de Sesostris III

SU EDAD
Sesostris III se ve adusto y pensativo en esta estatua de granito negro. Este estilo de representación más realista se introdujo durante su reinado.

EL TESORO DE UNA PRINCESA
Esta hermosa pieza de joyería es de la tumba de la princesa Mereret, cerca de la pirámide de Sesostris III. Una de las victorias del rey está simbolizada por esfinges pisoteando a los nubios.

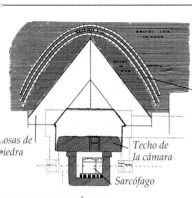

Arco de ladrillo

osas de iedra

Techo de la cámara

Sarcófago

A SEGUNDA PIRÁMIDE
Amenemhat III construyó su segunda pirámide en Hawara. Sus arquitectos rearon una serie de dispositivos para onfundir a los ladrones (pozos orofundos, corredores sin salida, rampas secretas y pasajes sellados on losas de piedra). Ésta es su ámara funeraria, cubierta con oloques de piedra caliza de 50 oneladas cada uno. Los adrones aun así entraron, obaron los tesoros del rey quemaron su cuerpo.

Pintura de reconstrucción de Amenemhat III, de Winifred Brunton, pintada en la década de 1920

CABEZA PODEROSA
A esta enorme cabeza de Amenemhat III le sacaron los ojos. Tallada en granito negro, formaba parte de una estatua de cuerpo completo.

Amenemhat III

El nieto de Sesostris III, Amenemhat III, fue uno de los faraones más poderosos que gobernó Egipto. Construyó dos pirámides y un famoso laberinto con 3,000 salas. También se le acredita la construcción de un sistema de irrigación impresionante. Éste fue un antiguo precursor de la Presa Asuán, con grandes diques y esclusas para controlar el nivel de agua del Nilo.

ALBARDILLA
En los escombros que rodean la pirámide de Dahshur, se encontró una albardilla de granito, tallada con los títulos reales de Amenemhat III y las plegarias al dios Sol. Los jeroglíficos en este detalle dicen "Viendo la belleza de Ra". ¿Por qué no enterraron a Amenemhat en la pirámide de Dahshur? Quizá la construyó como un cenotafio, un sitio simbólico para que habitara su espíritu. Tal vez decidió que el esquema no era tan complejo como para engañar a ladrones.

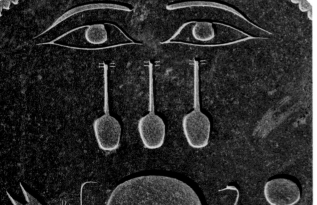

SEÑOR DE TODAS LAS TIERRAS
Otra pieza de joyería de oro de la tumba de la princesa Mereret. Junto al cartucho de Amenemhat III hay jeroglíficos que dicen "El buen dios, señor de todas las tierras y los países".

Piramidiones

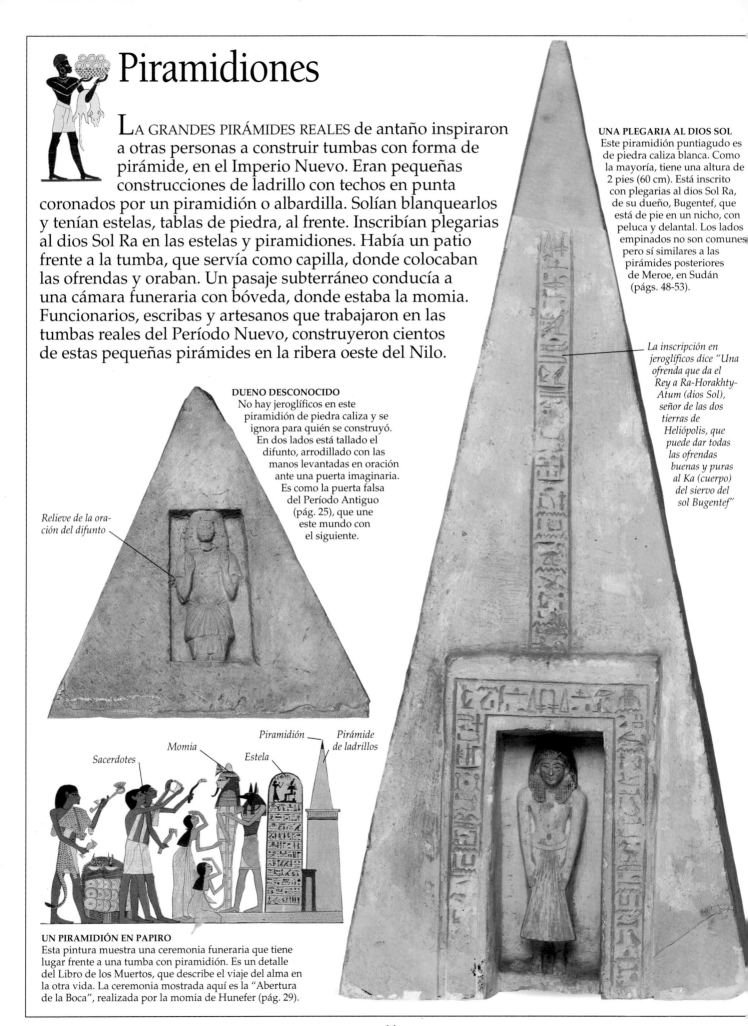

LA GRANDES PIRÁMIDES REALES de antaño inspiraron a otras personas a construir tumbas con forma de pirámide, en el Imperio Nuevo. Eran pequeñas construcciones de ladrillo con techos en punta coronados por un piramidión o albardilla. Solían blanquearlos y tenían estelas, tablas de piedra, al frente. Inscribían plegarias al dios Sol Ra en las estelas y piramidiones. Había un patio frente a la tumba, que servía como capilla, donde colocaban las ofrendas y oraban. Un pasaje subterráneo conducía a una cámara funeraria con bóveda, donde estaba la momia. Funcionarios, escribas y artesanos que trabajaron en las tumbas reales del Período Nuevo, construyeron cientos de estas pequeñas pirámides en la ribera oeste del Nilo.

UNA PLEGARIA AL DIOS SOL
Este piramidión puntiagudo es de piedra caliza blanca. Como la mayoría, tiene una altura de 2 pies (60 cm). Está inscrito con plegarias al dios Sol Ra, de su dueño, Bugentef, que está de pie en un nicho, con peluca y delantal. Los lados empinados no son comunes pero sí similares a las pirámides posteriores de Meroe, en Sudán (págs. 48-53).

La inscripción en jeroglíficos dice "Una ofrenda que da el Rey a Ra-Horakhty-Atum (dios Sol), señor de las dos tierras de Heliópolis, que puede dar todas las ofrendas buenas y puras al Ka (cuerpo) del siervo del sol Bugentef"

DUENO DESCONOCIDO
No hay jeroglíficos en este piramidión de piedra caliza y se ignora para quién se construyó. En dos lados está tallado el difunto, arrodillado con las manos levantadas en oración ante una puerta imaginaria. Es como la puerta falsa del Período Antiguo (pág. 25), que une este mundo con el siguiente.

Relieve de la oración del difunto

Sacerdotes

Momia

Estela

Piramidión

Pirámide de ladrillos

UN PIRAMIDIÓN EN PAPIRO
Esta pintura muestra una ceremonia funeraria que tiene lugar frente a una tumba con piramidión. Es un detalle del Libro de los Muertos, que describe el viaje del alma en la otra vida. La ceremonia mostrada aquí es la "Abertura de la Boca", realizada por la momia de Hunefer (pág. 29).

Cautivos nubios llevan ofrendas, que incluyen frutas, panes, un colmillo de elefante y una piel de leopardo

NAVEGACIÓN POR EL CIELO
Los cuatro lados de este piramidión de 630 a. C. están decorados con finas talladuras. Éste es el lado oeste, dedicado al dios Sol Ra. Los antiguos egipcios creían que Ra navegaba por los cielos en un bote, partiendo por el este en la mañana y poniéndose en el oeste al final del día. El lado sur muestra a Anubis que efectúa ritos sobre la momia del difunto, Udjahor.

Anubis, dios de los muertos, representado como perro o chacal

Dios Sol Ra, con cabeza de halcón y disco solar en la cabeza

Bote para transportar a los dioses y las diosas por el cielo

FORMA SAGRADA
Este mural muestra a los nubios que llevan regalos y ofrendas de comida, incluyendo incienso en la forma sagrada de una pirámide. Solían hornear el pan en hogazas con forma de pirámide. Los egipcios adoraban a una piedra sagrada en Heliópolis, pues creían que cuando se formó el mundo, los rayos del sol que salía cayeron primero sobre esa piedra. Por ese motivo, los piramidiones de piedra se consideraban sitios donde habitaba el dios Sol.

Plegaria a los dioses del difunto

Maat, la diosa de la ley y el orden, con una pluma de avestruz, símbolo de la verdad, en la cabeza

Udjahor, el difunto, rindiendo culto

45

Enigmas de las pirámides

Si CONSIDERAMOS QUE LAS CONSTRUYERON hace 4,500 años, sabemos bastante acerca de las pirámides egipcias, pero aún hay muchos misterios. Casi todo se aprendió en los últimos dos siglos. Se logró un gran avance en 1822, cuando el erudito francés, Jean-François Champollion, empezó a descifrar jeroglíficos. Para entonces, el idioma y la civilización egipcia habían estado muertos por casi 2,000 años. Las arenas del desierto se tragaron las pirámides más chicas y los nombres de los grandes reyes y reinas estaban perdidos y olvidados. Los arqueólogos modernos buscan entre las ruinas pequeños indicios que ayuden a unir las piezas de los rompecabezas del pasado. Las respuestas a algunas preguntas aún no son claras. ¿Cómo se construyeron con exactitud las pirámides? ¿Cuál es el significado religioso de su forma? Hay muchas teorías, pero quizá nunca lo sabremos con seguridad.

¿CUÁNTAS AÚN NO SE HAN DESCUBIERTO?
Algunas pirámides y faraones se descubrieron en los últimos años. Esta concha de oro es de la llamada "Pirámide Perdida" de Saqqara, que estuvo oculta bajo las arenas del desierto hasta 1951. Esta tumba sin terminar la construyó Sekhemkhet, un faraón casi desconocido, hasta que se encontró su nombre en las ruinas. ¿Quién sabe cuántas pirámides más aún no se descubren bajo las arenas deslizantes?

¿CUÁNTOS TRABAJADORES SE REQUIRIERON?
Los expertos creen que 100,000 hombres tardaron 20 años en mover toda la piedra para la Gran Pirámide, en su mayoría campesinos que trabajaban en la pirámide sólo durante la inundación que duraba tres meses. Otros 4,000 trabajadores estaban en el sitio todo el año. Sus barracas se hallaron cerca de la pirámide.

¿USARON ESTAS HERRAMIENTAS EN LA GRAN PIRÁMIDE?
Al descubrir Waynman Dixon los misteriosos "pozos de ventilación" de la Cámara de la Reina en la Gran Pirámide (pág. 23), encontró dos herramientas chicas: un triturador de granito y un gancho de metal, que dejaron los trabajadores. No queda ninguna otra herramienta usada en las pirámides de Guiza.

¿CÓMO MOVIERON LAS PIEDRAS?
No hay prueba de que los egipcios usaran máquinas para levantar, poleas o vehículos con ruedas. En definitiva, usaron trineos para mover objetos pesados. Una de las mejores evidencias es este dibujo de la tumba de Djehutyhotep en Bersha, de 1850 a. C. Muestra cuadrillas de trabajadores jalando una enorme estatua de piedra. Quizá usaron métodos similares para mover y colocar las piedras al construir las pirámides.

Estatua colosal atada al trineo con cuerdas

El hombre aplaude y marca el ritmo

Soldados

Capataces

Hombres con herramientas

Hombres que llevan agua o grasa

El hombre vierte líquido bajo el trineo para engrasar su paso

Cuatro filas de 43 hombres cada una, jalan la estatua

Féretro de la momia de la dama Takhenmes, Deir el-Bahri, 700–650 a. C.

La constelación de Orión, incluidas las tres estrellas brillantes del cinturón de Orión

Astrónomo escocés Charles Piazzi Smyth

¿Sol o estrellas?

Hay toda clase de teorías sobre las pirámides. Algunas tratan de explicar el vínculo entre el Sol y las estrellas. En 1864, Charles Piazzi Smyth opinó que construyeron las pirámides para Dios. Hoy, los expertos creen que la pirámide fue un vehículo simbólico para enviar el espíritu del rey difunto al cielo. ¿Se suponía que el rey se reuniría con el dios Ra o se convertiría en "una Estrella Indestructible"? Los Textos de las Pirámides mencionan ambos. El Conjuro 882 dice "Oh rey, tú eres esta gran estrella, la compañera de Orión". Tal vez las pirámides escalonadas fueron parte de un culto a las estrellas y las pirámides auténticas se asociaron con el Sol. Los "pozos de ventilación" de la Gran Pirámide quizá estaban alineados con estrellas mayores, como la Estrella Polar y Orión. Algunos expertos creen que su uso era práctico.

¿DÓNDE ESTÁN LAS MOMIAS?

Éste es un féretro de una momia de 650 a. C. Se ha asumido que momificaban y enterraban a los reyes difuntos en las pirámides. Si eso es cierto, ¿por qué no se han encontrado restos humanos en el interior de la cámara funeraria de una pirámide? Los ladrones robaban tesoros y en otras tumbas ignoraron los cadáveres. Hasta que no se encuentre una momia en una pirámide, no se descarta la posibilidad de que algunos reyes no estén enterrados en el interior. Si las pirámides no son tumbas, ¿qué otra función religiosa tenían?

¿DÓNDE ENTERRA- RON A LA REINA HETEFERES?

El único entierro real intacto del Período Antiguo que se ha encontrado perteneció a la reina Heteferes, esposa de Seneferu y madre de Keops. Su tumba no fue robada y contenía joyas, muebles y órganos embalsamados de la reina, pero el sarcófago estaba vacío. ¿Dónde enterraron el cuerpo de la reina? Quizá en Dahshur, en una de las pirámides de las reinas de Keops.

Madera recubierta con oro

Reconstrucción de una silla de la tumba de la reina Heteferes en Guiza, hacia 2600 a. C.

Patas de león

Las pirámides de Nubia

AL SUR DE EGIPTO más allá del río Nilo está Nubia, conocida por los antiguos egipcios como "Kush". Esta tierra desértica fue una de las cunas de la civilización africana y era rica en oro y artículos exóticos. La ubicación de Nubia en el Nilo le dio una importancia estratégica, y durante siglos, los faraones egipcios lucharon por controlarla. Hay más de cien pirámides en Nubia y a través de los siglos fueron saqueadas por su piedra; en la actualidad la mayoría son montículos sin forma. Como las pirámides egipcias, también fueron saqueadas por sus tesoros. Las primeras pirámides nubias se construyeron en l700 a. C., durante un breve período en que los reyes nubios gobernaron Egipto. Están en Kurru y Nuri, cerca de Napata, la capital nubia. Cuando pasaron la capital al sur, a Meroe, en 300 a. C., también construyeron ahí pirámides. Momificaron a los reyes y las reinas y los enterraron abajo. Solían sacrificar a los sirvientes y enterrarlos también en las pirámides, para que sirvieran a sus reyes y reinas en el otro mundo.

LADOS EMPINADOS
Las pirámides nubias son más chicas que las egipcias y tienen lados más empinados. Contra la cara este había una pequeña capilla funeraria con una gran puerta decorada como un templo egipcio. Los sacerdotes y los peregrinos que llegaban a honrar al rey y a la reina muertos decían plegarias y colocaban ofrendas dentro de la capilla. Ésta es una de las pirámides en Meroe, actualmente Sudán, como se encontró en 1820. 14 años después, un aventurero italiano dañó varias pirámides en Meroe, buscando tesoros (págs. 52-53).

Dios Heh

Pilar Djed

Ankh, signo de vida

PARA BAJAR
Para la cámara funeraria se excavó bajo la pirámide, no la construyeron dentro de la estructura. Se llegaba a ésta por unas escaleras descendentes que daban hacia una serie de tres cámaras talladas profundo en el lecho de roca.

AMULETO DE BUENA SUERTE
Construyeron algunas pirámides alrededor de Gebel Barkal. Este extraño pico con punta plana fue un sitio sagrado para los nubios, que llamaron "La Montaña Pura". Este amuleto se encontró ahí. Incorpora muchos símbolos mágicos, incluidos la cruz egipcia, el pilar *djed*, un cetro con cabeza de perro y una figura del dios Heh, que representaba la vida eterna.

Cetro, símbolo de poder y dominio

UN CAMPO DE PIRÁMIDES EN MEROE
Éstas son las pirámides en el cementerio norte en Meroe. Las construyeron entre 300 a. C. y 350 d. C., cuando los aksumitas conquistaron Nubia. En el siglo I d. C., Meroe era el centro de una de las grandes civilizaciones de África. En su momento culminante, Nubia era una fascinante mezcla de cultura egipcia, griega, romana y africana central. Al declinar el reino, los reyes construyeron pirámides más chicas y menos impresionantes.

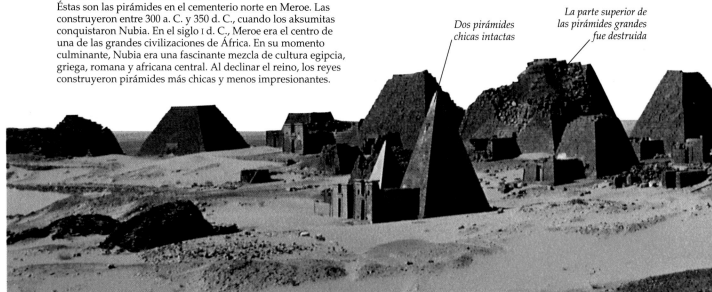

Dos pirámides chicas intactas

La parte superior de las pirámides grandes fue destruida

Decoración pintada de
carrizos que rodea la tumba

Lotos, flores
sagradas que
aún crecen
junto al Nilo

Tronco de ébano,
árbol negro muy
duro que crece en
el desierto nubio

Incienso

Trozos de jaspe
rojo, piedra
preciosa usada
en joyería

Falda de piel de leopardo

ESTILO EGIPCIO
Los egipcios establecidos en
Nubia fundaron ciudades y
extendieron su cultura. Este
jarrón de Faenza está
decorado con hojas de loto
en estilo típico egipcio.

COLAS DE JIRAFA PARA EL REY
Nubia era rica en recursos naturales,
en especial oro. Esta pintura de una
tumba egipcia muestra a nubios
dando regalos exóticos al faraón
egipcio Tutmosis IV.
Fue pintada en 1400 a. C.

Babuino vivo

Aros de oro   Colas de jirafa   Piel de leopardo

Puerta con dos
pilones conduce a
capilla chica

Los faraones de Nubia

En 750 a. C., cuando Egipto se debilitó por las guerras civiles y el desorden, el reino nubio prosperó y fue lo bastante poderoso para conquistar Egipto. Durante unos cien años, los reyes de Nubia fueron también faraones de Egipto. La sucesión al trono era de hermano a hermano, no de padre a hijo, como la práctica común egipcia. Los nubios quedaron fascinados con la cultura y la religión de Egipto y restauraron templos ahí. Adoptaron la tradición egipcia de ser enterrados con figuras shabti. Se creía que estas estatuas con forma de momia tenían poderes mágicos que actuaban para el difunto en el otro mundo. Enterraban a los egipcios con 401 figuras shabti, una por cada día del año, más 36 jefes con látigos. Un rey nubio tuvo 1,277, tres veces más que el número usual.

Cobra con baño de oro, en la corona del rey escupía fuego a sus enemigos

Cobra real

Cartucho (nombre real) de Taharka

Capítulo seis del Libro de los Muertos

Una de las 1,070 figuras shabti, talladas en calcita translúcida

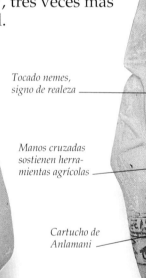

Tocado nemes, signo de realeza

Manos cruzadas sostienen herramientas agrícolas

55510

Cartucho de Anlamani

55512

REY ROBUSTO
El rey Anlamani reinó antes que su hermano, Aspelta. Esta figura shabti del rey es una de las 282 encontradas en su pirámide en Nuri. Están talladas a mano, no hechas con molde. El rey tiene cuerpo fornido y grande con cabeza chica y un enorme tocado *nemes*. Su shabti está inscrito con el capítulo seis del Libro de los Muertos, un conjuro que dice que trabaje en la agricultura en el otro mundo.

SIN CAMA
La pirámide mejor conservada en Nuri pertenece al rey Aspelta. Éste es uno de los 300 shabtis encontrados en el interior. Aspelta fue uno de los primeros reyes nubios enterrado en un féretro y en un sarcófago de piedra. A los reyes anteriores los recostaban en camas.

El gran Taharka

Taharka es el rey nubio más famoso. Reinó en Nubia y Egipto de 690 a 664 a. C., durante la XXV dinastía. Incluso es mencionado en la Biblia. Taharka construyó muchos monumentos y templos en ambas tierras. Su enorme pirámide en Nuri quizá fue inspirada por las grandes pirámides de Guiza, que podía ver desde su palacio en Menfis.

TABLAS MÁGICAS
Éstas son placas de piedra que tienen inscritos los nombres de los reyes. Después de una ceremonia ritual, las colocaban en los cimientos de las cuatro esquinas de la pirámide del rey, para que ésta durara por siempre.

55563

Taharka usa un khat, una peluca como bolsa

Barba falsa usada sólo en ocasiones formales

Utensilios agrícolas contra su pecho

Este es el shabti más grande de Taharka: 2 pies (60 cm) de alto

Figura shabti del rey Taharka tallada en granito moteado

CORONA DE PLUMAS

Taharka fue un poderoso líder militar. Esta pintura de Winifred Brunton (pág. 42) lo muestra como debió ser en vida. Lleva una capa de piel de leopardo y una elaborada corona de plumas.

RUINAS EN NURI

Un explorador inglés hizo este dibujo de las pirámides de Nuri en la década de 1820. Hay 20 pirámides grandes para reyes y 53 más chicas para reinas. Las construyeron entre 700 y 300 a. C. Todas están hechas con arenisca roja local, una roca suave con poca resistencia. Hace 170 años, las pirámides ya estaban en ruinas.

55506

Figura shabti del faraón Senkamanisken, hecho de Faenza, un tipo de loza vidriada

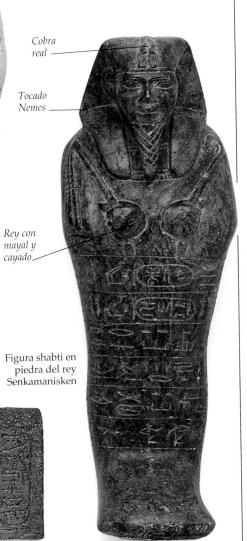

Cobra real

Tocado Nemes

Rey con mayal y cayado

Figura shabti en piedra del rey Senkamanisken

COPIAS DEL REY

El rey Senkamanisken fue enterrado con shabtis más chicos que los de su abuelo, Taharka. Pero tuvo un poco más, 1,277 en total. Senkamanisken reinó de 643 a 623 a. C. Cuando subió al trono, Nubia había perdido el control de Egipto.

Tabla colocada en los cimientos de la pirámide del rey Senkamanisken, en Nuri

El tesoro de una reina

DE TODOS LOS CIENTOS DE pirámides en Egipto y Nubia, sólo en una se encontró un gran tesoro. La pirámide, en Meroe, Sudán que perteneció a la reina Amanishakheto, quien gobernó Nubia en el siglo I a. C. En 1834, el aventurero italiano Giuseppe Ferlini encontró una espléndida colección de joyería en una cámara secreta, cerca de la parte superior de la tumba. En ese tiempo, la pirámide era una de las mejores conservadas en Nubia, pero Ferlini no era arqueólogo. Destrozó la pirámide en su ávida búsqueda de más tesoros.

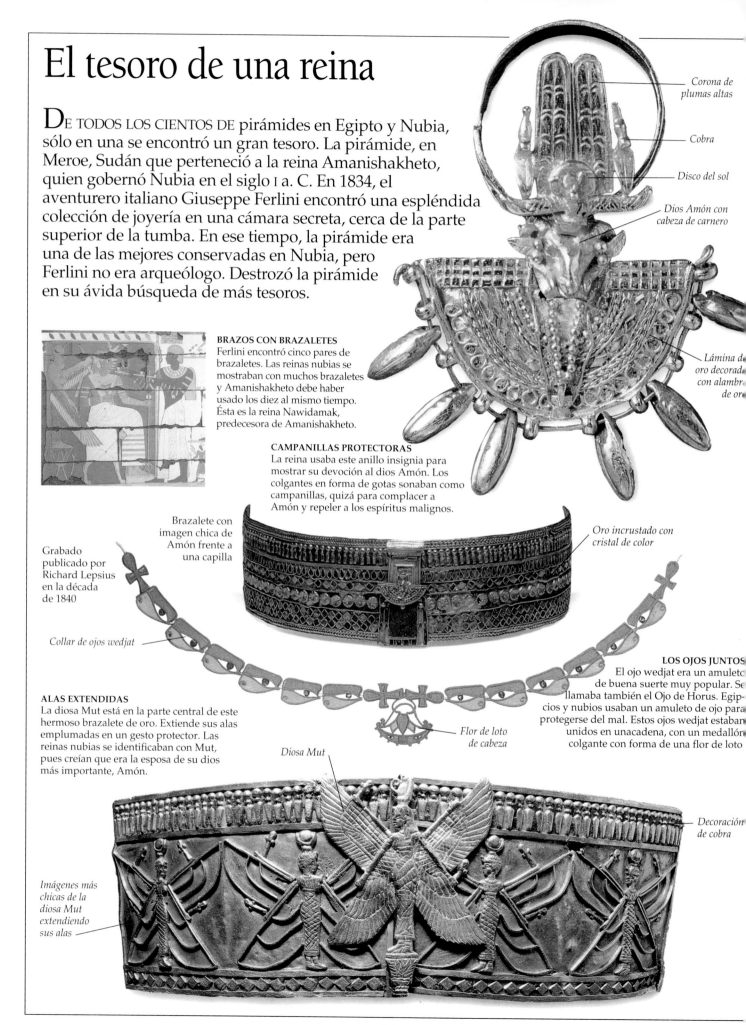

Corona de
plumas altas

Cobra

Disco del sol

Dios Amón con
cabeza de carnero

Lámina de
oro decorada
con alambre
de oro

BRAZOS CON BRAZALETES
Ferlini encontró cinco pares de brazaletes. Las reinas nubias se mostraban con muchos brazaletes y Amanishakheto debe haber usado los diez al mismo tiempo. Ésta es la reina Nawidamak, predecesora de Amanishakheto.

CAMPANILLAS PROTECTORAS
La reina usaba este anillo insignia para mostrar su devoción al dios Amón. Los colgantes en forma de gotas sonaban como campanillas, quizá para complacer a Amón y repeler a los espíritus malignos.

Brazalete con
imagen chica de
Amón frente a
una capilla

Oro incrustado con
cristal de color

Grabado
publicado por
Richard Lepsius
en la década
de 1840

Collar de ojos wedjat

LOS OJOS JUNTOS
El ojo wedjat era un amuleto de buena suerte muy popular. Se llamaba también el Ojo de Horus. Egipcios y nubios usaban un amuleto de ojo para protegerse del mal. Estos ojos wedjat estaban unidos en una cadena, con un medallón colgante con forma de una flor de loto

ALAS EXTENDIDAS
La diosa Mut está en la parte central de este hermoso brazalete de oro. Extiende sus alas emplumadas en un gesto protector. Las reinas nubias se identificaban con Mut, pues creían que era la esposa de su dios más importante, Amón.

Flor de loto
de cabeza

Diosa Mut

Decoración
de cobra

Imágenes más
chicas de la
diosa Mut
extendiendo
sus alas

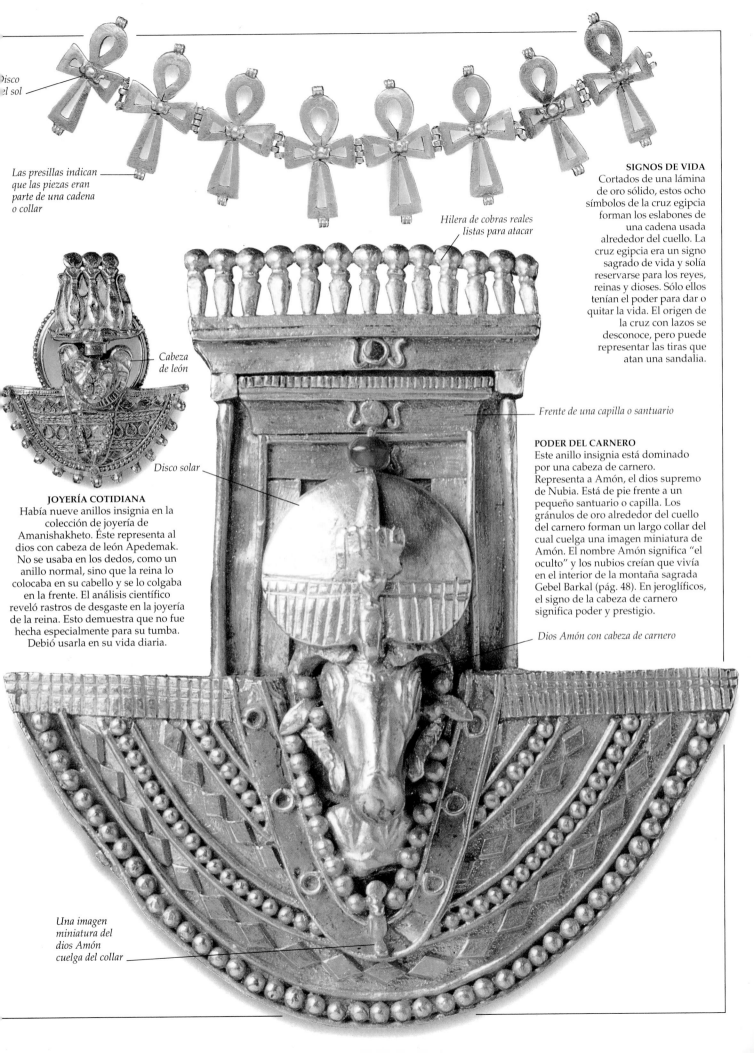

Disco del sol

Las presillas indican que las piezas eran parte de una cadena o collar

Hilera de cobras reales listas para atacar

SIGNOS DE VIDA

Cortados de una lámina de oro sólido, estos ocho símbolos de la cruz egipcia forman los eslabones de una cadena usada alrededor del cuello. La cruz egipcia era un signo sagrado de vida y solía reservarse para los reyes, reinas y dioses. Sólo ellos tenían el poder para dar o quitar la vida. El origen de la cruz con lazos se desconoce, pero puede representar las tiras que atan una sandalia.

Cabeza de león

Disco solar

Frente de una capilla o santuario

PODER DEL CARNERO

Este anillo insignia está dominado por una cabeza de carnero. Representa a Amón, el dios supremo de Nubia. Está de pie frente a un pequeño santuario o capilla. Los gránulos de oro alrededor del cuello del carnero forman un largo collar del cual cuelga una imagen miniatura de Amón. El nombre Amón significa "el oculto" y los nubios creían que vivía en el interior de la montaña sagrada Gebel Barkal (pág. 48). En jeroglíficos, el signo de la cabeza de carnero significa poder y prestigio.

JOYERÍA COTIDIANA

Había nueve anillos insignia en la colección de joyería de Amanishakheto. Éste representa al dios con cabeza de león Apedemak. No se usaba en los dedos, como un anillo normal, sino que la reina lo colocaba en su cabello y se lo colgaba en la frente. El análisis científico reveló rastros de desgaste en la joyería de la reina. Esto demuestra que no fue hecha especialmente para su tumba. Debió usarla en su vida diaria.

Dios Amón con cabeza de carnero

Una imagen miniatura del dios Amón cuelga del collar

Las pirámides de México

Antes de la llegada de los europeos, México y América Central fueron el hogar de muchos pueblos e imperios. A través de los siglos, construyeron miles de pirámides, casi siempre con escalones o terrazas que subían hasta la parte superior plana. Casi todas las pirámides eran templos que formaban parte de complejos con edificios religiosos más chicos. Los sacerdotes subían las escaleras hasta los altares, donde llevaban a cabo ritos sagrados, como el sacrificio humano. Construyeron pirámides sobre tumbas. Algunas de las construcciones más impresionantes las construyeron los mayas en el sur de México, entre los siglos III y IX d. C. Los conquistadores españoles que invadieron México en 1519 destruyeron las grandes pirámides aztecas.

CEÑO OLMECA
Los olmecas crearon la primera gran civilización del México antiguo. Eran muy hábiles para trabajar la piedra y para construir grandes pirámides de tierra en La Venta, en 1000 a. C. Tallaron hermosas máscaras como ofrendas para sus dioses. Éstas tienen rasgos enormes y el ceño fruncido generalmente. Las creencias religiosas de los olmecas influyeron en culturas posteriores, como la maya y la zapoteca.

LAS GRANDES
Éstos son los principales sitios de pirámides en América Central. No es un área enorme, pero incluye valles altos y fríos y selvas cálidas en tierras bajas. Muchos sitios nunca se han excavado. Cientos de pirámides chicas aún están ocultas en la densa selva de Belice y en la Península de Yucatán.

MIENTRAS TANTO, EN AMÉRICA DEL SUR...
En la costa norte de Perú, el pueblo mochica construyó dos grandes pirámides, la Huaca del Sol y la Huaca de la Luna. Usaron ladrillos de barro cocidos al sol. Las pirámides tenían dos o tres niveles y estaban recubiertas con yeso y pintadas con murales coloridos. Los mochicas hacían también vasijas finas. Ésta está modelada como un guerrero.

Mapa:

Golfo de México

▲ Teotihuacán
▲ Tenochtitlán

Uxmal ▲   ▲ Chichén Itzá
Península de Yucatán
▲ Sayil

El Tajín ▲

México

Xpuhil ▲

Palenque ▲
Tikal ▲   **Belice**

▲ Monte Albán

Océano Pacífico

Guatemala   **Honduras**
▲ Copán

El Salvador

▲ Pirámides

COMPARACIÓN DE TAMAÑOS
Las bases de la Pirámide del Sol en Teotihuacán y la Gran Pirámide de Egipto son casi del mismo tamaño, pero la mexicana tiene sólo la mitad de la altura. Fue construida con 2.5 millones de toneladas de piedra y tierra, comparado con 6.5 millones de toneladas de piedra de la Gran Pirámide.

CIUDAD DE LOS DIOSES
Teotihuacán es la ciudad antigua más impresionante en América. Esta enorme metrópoli quizá albergó a 250,000 personas. Sus edificios y pirámides están diseñados cuidadosamente en un plano cuadriculado. La ancha Avenida de los Muertos corre entre las dos estructuras más grandes, la Pirámide del Sol y la Pirámide de la Luna. Ésta es la Pirámide del Sol, construida en 150 d. C. Parece que no tiene cámaras interiores, aunque hay una cueva en el interior. ¿Quién construyó esta gran ciudad? Cuando los españoles le preguntaron a los aztecas, respondieron que "los dioses".

CIUDAD DE LLUVIA

Entre 300 y 900 d. C., la ciudad de El Tajín fue el centro más importante en la costa de Veracruz, en México. Esta exuberante área fue famosa por su maíz, cacao y algodón. La ciudad lleva el nombre del dios de la lluvia, Tajín. Esta imaginativa pintura del artista mexicano Diego Rivera (1886-1957) muestra dos pirámides. La de la derecha es la Pirámide de los Nichos.

Un detalle del fresco *Ofrenda de frutas, tabaco, cacao y vainilla al emperador,* de Diego Rivera, 1950.

UN NICHO POR DÍA

La Pirámide de los Nichos en El Tajín se eleva en seis niveles. Cada nivel contiene hileras de nichos. Hay 365 en total, uno para cada día del año. Quizá colocaban las ofrendas o figuras de dioses en los nichos.

DIOS ZAPOTECA

El pueblo zapoteca eligió su capital en Monte Albán, en Oaxaca, México. Entre 600 a.C. y 800 d. C., construyeron una gran ciudad de templos pirámide y tumbas. Las tumbas tienen nichos donde colocaban las urnas funerarias de barro. En esta urna, el dios de la lluvia Cocijo usa un tocado de plumas típico zapoteca.

Elaborado tocado de plumas

La urna hecha con capas de losas de barro

El dios de la lluvia, Cocijo, usa pendientes y saca su lengua engañosa

Urna alrededor de un cilindro que sostiene las ofrendas de comida o cenizas

Las pirámides mayas

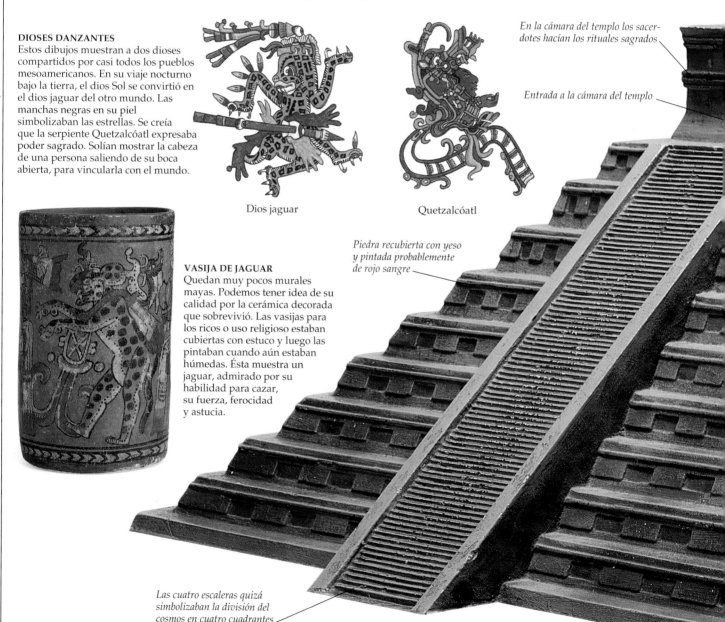

ENTRE LOS SIGLOS III Y IX d. C. los mayas construyeron pirámides en el este de México y en Belice, Guatemala, Honduras y El Salvador. Las pirámides mayas se construyeron con bloques de piedra pegados con argamasa de cal y tenían ángulos más inclinados que las egipcias. Las escaleras suelen estrecharse al ascender, para que las pirámides parezcan más altas y empinadas. Esto también atrajo la atención hacia los rituales efectuados en la cámara del templo en la parte superior. La multitud se reunía en la base, pero sólo los sacerdotes podían subir hasta las alturas sagradas. Los mayas fueron hábiles astrónomos y colocaron sus pirámides de acuerdo con el sol, la luna y las estrellas. Desarrollaron calendarios anuales y sagrados, un sistema de matemáticas y su propio lenguaje de signos o "glifos", aún no descifrado totalmente.

REINO DE CIUDADES

Los mayas no tenían una sola capital o rey. Cada ciudad se gobernaba por sí sola bajo su propio gobernante. Una ciudad importante fue Chichén Itzá, en la Península de Yucatán. Había muchos edificios religiosos y administrativos importantes ahí, incluida la famosa pirámide El Castillo. Los pilares de piedra en la arquitectura muestran la influencia de los toltecas, una cultura vecina. Arrojaban a la gente a morir en el Pozo de los Sacrificios sagrado.

DIOSES DANZANTES

Estos dibujos muestran a dos dioses compartidos por casi todos los pueblos mesoamericanos. En su viaje nocturno bajo la tierra, el dios Sol se convirtió en el dios jaguar del otro mundo. Las manchas negras en su piel simbolizaban las estrellas. Se creía que la serpiente Quetzalcóatl expresaba poder sagrado. Solían mostrar la cabeza de una persona saliendo de su boca abierta, para vincularla con el mundo.

Dios jaguar

Quetzalcóatl

En la cámara del templo los sacerdotes hacían los rituales sagrados

Entrada a la cámara del templo

VASIJA DE JAGUAR

Quedan muy pocos murales mayas. Podemos tener idea de su calidad por la cerámica decorada que sobrevivió. Las vasijas para los ricos o uso religioso estaban cubiertas con estuco y luego las pintaban cuando aún estaban húmedas. Ésta muestra un jaguar, admirado por su habilidad para cazar, su fuerza, ferocidad y astucia.

Piedra recubierta con yeso y pintada probablemente de rojo sangre

Las cuatro escaleras quizá simbolizaban la división del cosmos en cuatro cuadrantes

SERPIENTE EMPLUMADA

El primer dios conocido de México fue Quetzalcóatl, la serpiente emplumada. Ésta es una de las siete figuras de serpiente en las escaleras norte de la pirámide El Castillo, en Chichén Itzá. En el equinoccio de otoño, el 23 de septiembre de cada año, el sol brilla a través de las bocas de las siete serpientes.

DESCIFRAR EL CÓDIGO

Por más de 100 años, los investigadores se esforzaron por comprender los misteriosos glifos mayas. Sólo en los últimos veinte años empezaron a descifrar el código. Hay muchas inscripciones en piedra, pero la mayoría de los libros mayas, llamados códices, los quemó un sacerdote español en 1562, pues aseguró que eran obra del diablo. Sólo sobrevivieron cuatro, que fueron escritos y pintados en papel de corteza doblado en secciones. Nos han ayudado a comprender los calendarios mayas y las matemáticas. Éstos cinco dioses son del Códice Tro-cortesiano. Las barras y los puntos son glifos de números.

Altura de la pirámide: 79 pies (24 m)

CIUDADES PERDIDAS

En el año 800, la civilización maya tuvo un colapso espectacular. Nadie sabe en realidad por qué. Devastadas por la guerra y la hambruna, las ciudades fueron abandonadas una a una. La vegetación de la selva cubrió templos y estatuas. Las ciudades perdidas se redescubrieron recientemente. Ésta es una fotografía de la pirámide El Castillo, en Chichén Itzá, tomada por un explorador inglés en 1900.

ESCALÓN POR CADA DÍA

Este modelo muestra la pirámide El Castillo, en Chichén Itzá. Tiene cuatro escaleras, tres con 91 escalones y una con 92. Esto suma en total 365 escalones, uno para cada día del año.

Escalera única al norte en la pirámide interior tolteca

Pirámide externa maya con cuatro escaleras

TEMPLOS INTERIORES

Las pirámides mexicanas a menudo fueron agrandadas por los nuevos gobernantes. Así, cada vez eran más grandes. En 1930, arqueólogos mexicanos descubrieron un templo previo en el interior de la pirámide de Chichén Itzá, quizá construido por los toltecas. Tiene nueve niveles, pero sólo una escalera. En el interior de la cámara del templo está un espléndido trono de jaguar y una escultura en la que se depositaban las ofrendas.

Nueve terrazas

Continúa en la siguiente página

Flebotomía y sacrificio

Los rituales sangrientos fueron parte vital de la vida maya. Creían que para conservar el orden cósmico, los dioses necesitaban alimentarse con sangre. A cambio, les proporcionarían buenas cosechas y evitarían desastres naturales, como los sismos. Un mural muestra a prisioneros de guerra torturados arrancándoles las uñas. El sacrificio humano quizá se introdujo entre los mayas por la belicosidad tolteca. Las víctimas eran prisioneros de guerra, esclavos o niños comprados para la ocasión. El sacerdote que hacía el sacrificio era ayudado por cuatro ancianos que sostenían los brazos y las piernas de la víctima, mientras le abrían el pecho. Los sacerdotes hacían estos sacrificios en festivales especiales en el calendario sagrado.

DERRAMAN SU PROPIA SANGRE
Los nobles mayas se mutilaban a sí mismos en ceremonias especiales. Pasaban agujas o espinas a través de su cuerpo y recogían la sangre para untarla en las estatuas. Los hombres solían perforarse el pene. Esta escultura de Yaxchilán (sur de Tikal) muestra a la dama Xoc pasando un collar de espinas a través de su lengua. El gobernante Jaguar Escudo la observa.

Glifos de una viga de madera en el Templo del Jaguar Gigante, en Tikal, Guatemala

DIRECCIÓN PÚBLICA
Hay cinco complejos de pirámides principales en Tikal, Guatemala. Éste es el Templo del Jaguar Gigante, la pirámide maya más alta, con 230 pies (70 m) de altura. La cámara, hasta arriba, estaba diseñada para amplificar las voces de los sacerdotes para que los escucharan los espectadores en la base. La tumba de un señor maya, Ah Cacan, estaba bajo la pirámide.

PIRÁMIDE OVAL
La Pirámide del Mago, en Uxmal, México, tiene muros curvados. La construyeron en cinco fases, del siglo VI al X. La escalera ceremonial en el lado oeste conduce a la cámara ancha del templo. La entrada está ricamente decorada y parece la boca de un gran monstruo.

LA PUERTA QUE CONDUCE A LAS FECHAS

Las puertas de los templos mayas se sostenían con vigas de madera. La edad de la madera se determina con el método del carbono 14. Esto confirma las fechas de la historia maya, que aún no son muy claras. Estos detalles de la viga son glifos.

Un glifo de una viga de madera en el Templo del Jaguar Gigante, en Tikal, Guatemala

El rey usa una corona de plumas

Miembros de la familia real

Nobles, sacerdotes y guerreros

Mercaderes, artistas y artesanos

Campesinos, obreros y esclavos

PIRÁMIDE SOCIAL MAYA

Un artista mexicano moderno pintó esta pirámide para mostrar las diferentes clases de la sociedad maya. Está hecha con el estilo de los hermosos frescos encontrados en Bonampak, Guatemala. Cada ciudad maya importante tenía su propio gobernante o rey, a quien su pueblo consideraba un dios viviente. Para vivir según su reputación, el rey construía palacios y templos espléndidos.

RUINAS EN LA SELVA

Entre 1839 y 1842, John Stephens y Frederick Catherwood hicieron dos famosas expediciones para explorar las ruinas mayas. El viaje por la selva era peligroso y ambos padecieron malaria. Sus escritos y dibujos revelaron todo el esplendor de la civilización perdida. Esta litografía muestra una pirámide en Tulum, México.

DIOSES MISTERIOSOS

Ésta es una reconstrucción de un friso de Campeche, México. Los rastros de color sugieren que el original estaba brillantemente pintado. Se sabe muy poco sobre la variedad de dioses mayas.

Las pirámides aztecas

Tezcatlipoca

Huitzilopochtli

LOS AZTECAS GOBERNARON el último gran imperio de Mesoamérica. Se llamaban *mexicas* y su capital era Tenochtitlán, ahora la Ciudad de México. Cuando los conquistadores españoles llegaron a Tenochtitlán en 1519, encontraron una de las ciudades más grandes del mundo y se impresionaron por su belleza, limpieza y orden. Al acercarse al enorme centro ceremonial, los españoles se horrorizaron por el olor a sangre. Los aztecas usaban sus pirámides para sacrificios humanos, pues creían que proporcionaban la energía vital necesaria para el funcionamiento del universo. En los últimos años de su imperio, miles de víctimas, en su mayoría prisioneros de guerra, fueron sacrificadas cada año. Los aztecas construyeron sus pirámides con un centro de ladrillos de adobe, recubiertos con piedra pegada con mezcla. Ninguna era muy alta. La más alta, el Gran Templo de Tenochtitlan, tenía una quinta parte de la altura de la Gran Pirámide de Guiza.

RETRIBUCIÓN A LOS DIOSES
La parte superior de la pirámide era un lugar para sacrificios sangrientos. Ahí, los sacerdotes extraían el corazón de la víctima. Luego arrojaban el cuerpo por los escalones, cortaban las extremidades y se las comían ceremonialmente. Los aztecas creían que el mundo había sido creado por el sacrificio de sus dioses. Estos rituales terribles eran presentes de agradecimiento.

La serpiente estaba asociada con el dios Quetzalcóatl, cuyo nombre significaba "serpiente emplumada"

PUNAL DE SACRIFICIOS
El corazón de la víctima se sacaba con un puñal de piedra. Los aztecas no tenían hierro y sus herramientas eran de pedernal u obsidiana, un vidrio volcánico. Esta hoja de obsidiana está decorada con un mosaico turquesa de una serpiente, símbolo de poder sagrado. Adornaban el mosaico con jade, coral, concha y turquesa.

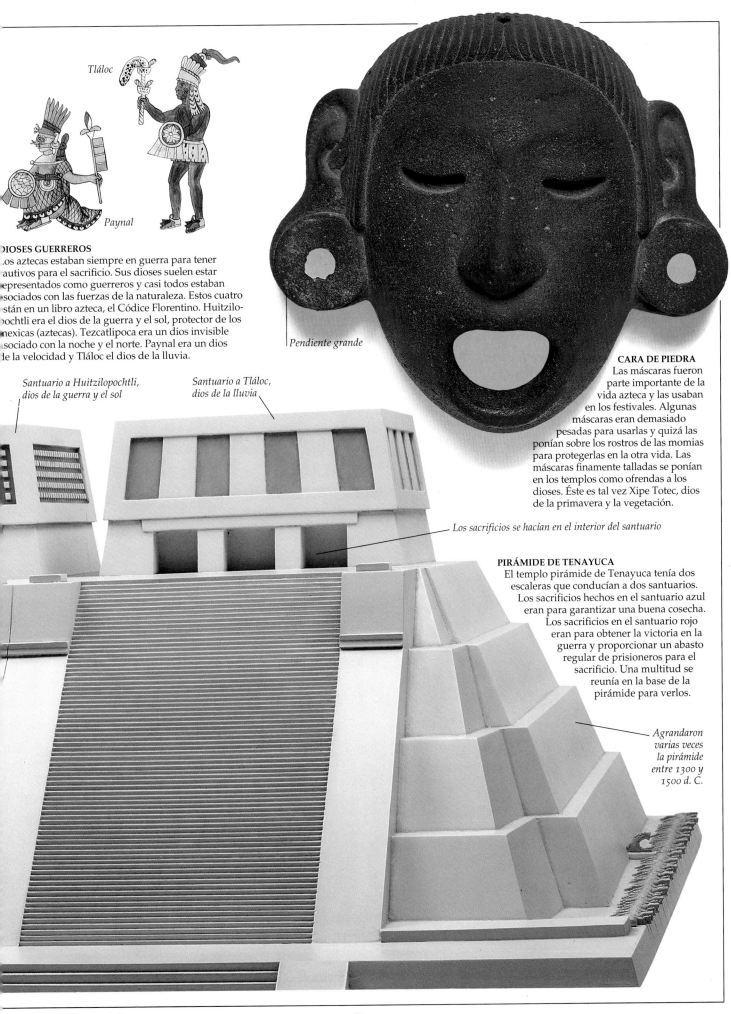

Tláloc

Paynal

DIOSES GUERREROS

Los aztecas estaban siempre en guerra para tener cautivos para el sacrificio. Sus dioses suelen estar representados como guerreros y casi todos estaban asociados con las fuerzas de la naturaleza. Estos cuatro están en un libro azteca, el Códice Florentino. Huitzilopochtli era el dios de la guerra y el sol, protector de los mexicas (aztecas). Tezcatlipoca era un dios invisible asociado con la noche y el norte. Paynal era un dios de la velocidad y Tláloc el dios de la lluvia.

Pendiente grande

CARA DE PIEDRA

Las máscaras fueron parte importante de la vida azteca y las usaban en los festivales. Algunas máscaras eran demasiado pesadas para usarlas y quizá las ponían sobre los rostros de las momias para protegerlas en la otra vida. Las máscaras finamente talladas se ponían en los templos como ofrendas a los dioses. Éste es tal vez Xipe Totec, dios de la primavera y la vegetación.

Santuario a Huitzilopochtli, dios de la guerra y el sol

Santuario a Tláloc, dios de la lluvia

Los sacrificios se hacían en el interior del santuario

PIRÁMIDE DE TENAYUCA

El templo pirámide de Tenayuca tenía dos escaleras que conducían a dos santuarios. Los sacrificios hechos en el santuario azul eran para garantizar una buena cosecha. Los sacrificios en el santuario rojo eran para obtener la victoria en la guerra y proporcionar un abasto regular de prisioneros para el sacrificio. Una multitud se reunía en la base de la pirámide para verlos.

Agrandaron varias veces la pirámide entre 1300 y 1500 d. C.

La pirámide sigue viva…

Cuatro mil quinientos años después que la Gran Pirámide se elevó en el horizonte del desierto de Egipto, otro tipo de pirámide aparece en la línea del horizonte de las ciudades. Para construir las pirámides modernas no son necesarios millones de piedras ni miles de trabajadores y representan grandes negocios, no el reino espiritual de los muertos. Nuevos materiales, como el concreto reforzado y el vidrio ahumado sostenidos por trabes de acero permiten la construcción de enormes estructuras con un esfuerzo mínimo. Hay algo especial en la forma de pirámide que ha inspirado a arquitectos, artistas y diseñadores a través de la historia. Como forma geométrica, es el símbolo supremo del equilibrio natural y la armonía. Construida a gran escala, da la impresión de algo sobrehumano, construido por los dioses. La magia de la pirámide está destinada a seguir viviendo.

LA PIRÁMIDE DE ROMA
La pirámide antigua más impresionante en Europa está en Roma. La construyó Caius Cestius, un importante oficial que murió en 12 a. C. Está enterrado bajo la pirámide.

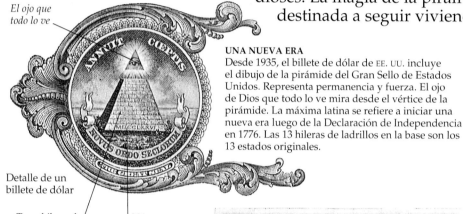

El ojo que todo lo ve

Detalle de un billete de dólar

Trece hileras de ladrillos simbolizan los 13 estados originales de EE. UU.

Números romanos de 1776, el año de la Declaración de Independencia

UNA NUEVA ERA
Desde 1935, el billete de dólar de EE. UU. incluye el dibujo de la pirámide del Gran Sello de Estados Unidos. Representa permanencia y fuerza. El ojo de Dios que todo lo ve mira desde el vértice de la pirámide. La máxima latina se refiere a iniciar una nueva era luego de la Declaración de Independencia en 1776. Las 13 hileras de ladrillos en la base son los 13 estados originales.

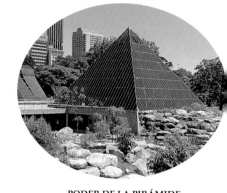

PODER DE LA PIRÁMIDE
Este invernadero está en los jardines botánicos de Sydney, Australia. La forma piramidal asegura que una superficie grande de cristal dé hacia el sol. Mucha gente cree que la forma en sí puede generar poder oculto o energía. ¡Aseguran que una hoja de afeitar roma dejada en el centro de una pirámide se afilaría milagrosamente!

Billete de un dólar estadounidense

DECORACIÓN DEL ESCENARIO
La elegancia simple del antiguo arte egipcio inspiró a muchos artistas modernos. El artista británico, David Hockney, diseñó la decoración del escenario para la ópera de Mozart *La flauta mágica*, en 1978. Usó la forma de pirámide para crear una sensación moderna de grandeza.

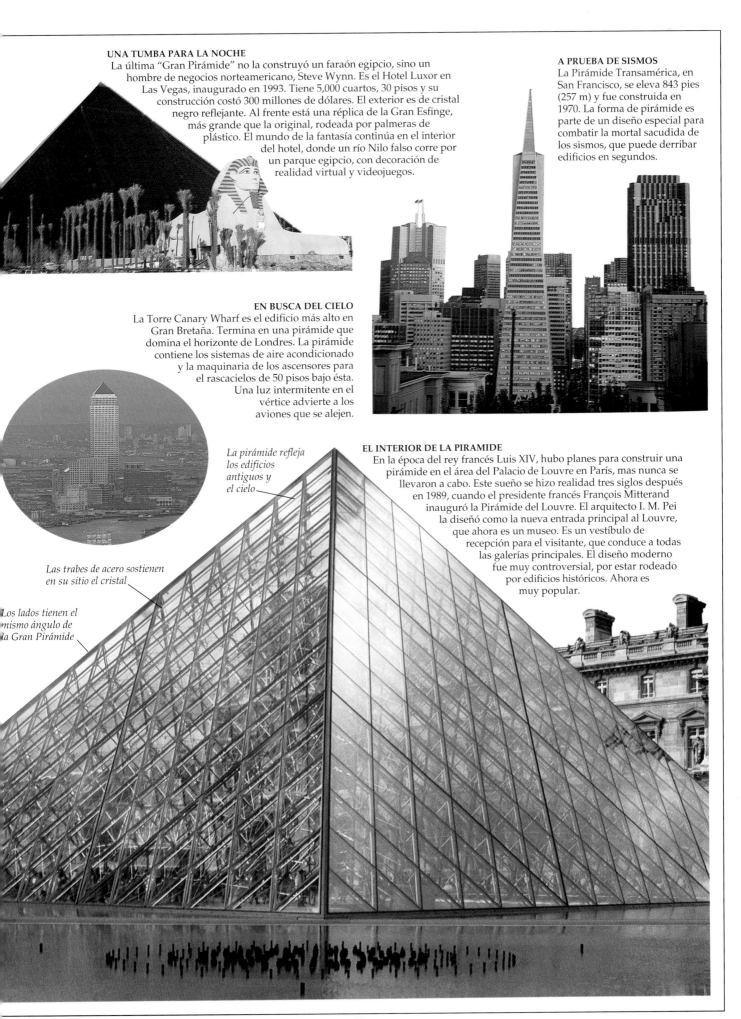

UNA TUMBA PARA LA NOCHE

La última "Gran Pirámide" no la construyó un faraón egipcio, sino un hombre de negocios norteamericano, Steve Wynn. Es el Hotel Luxor en Las Vegas, inaugurado en 1993. Tiene 5,000 cuartos, 30 pisos y su construcción costó 300 millones de dólares. El exterior es de cristal negro reflejante. Al frente está una réplica de la Gran Esfinge, más grande que la original, rodeada por palmeras de plástico. El mundo de la fantasía continúa en el interior del hotel, donde un río Nilo falso corre por un parque egipcio, con decoración de realidad virtual y videojuegos.

A PRUEBA DE SISMOS

La Pirámide Transamérica, en San Francisco, se eleva 843 pies (257 m) y fue construida en 1970. La forma de pirámide es parte de un diseño especial para combatir la mortal sacudida de los sismos, que puede derribar edificios en segundos.

EN BUSCA DEL CIELO

La Torre Canary Wharf es el edificio más alto en Gran Bretaña. Termina en una pirámide que domina el horizonte de Londres. La pirámide contiene los sistemas de aire acondicionado y la maquinaria de los ascensores para el rascacielos de 50 pisos bajo ésta. Una luz intermitente en el vértice advierte a los aviones que se alejen.

EL INTERIOR DE LA PIRAMIDE

En la época del rey francés Luis XIV, hubo planes para construir una pirámide en el área del Palacio de Louvre en París, mas nunca se llevaron a cabo. Este sueño se hizo realidad tres siglos después en 1989, cuando el presidente francés François Mitterand inauguró la Pirámide del Louvre. El arquitecto I. M. Pei la diseñó como la nueva entrada principal al Louvre, que ahora es un museo. Es un vestíbulo de recepción para el visitante, que conduce a todas las galerías principales. El diseño moderno fue muy controversial, por estar rodeado por edificios históricos. Ahora es muy popular.

La pirámide refleja los edificios antiguos y el cielo

Las trabes de acero sostienen en su sitio el cristal

Los lados tienen el mismo ángulo de la Gran Pirámide

¿Sabías que…?

DATOS SORPRENDENTES

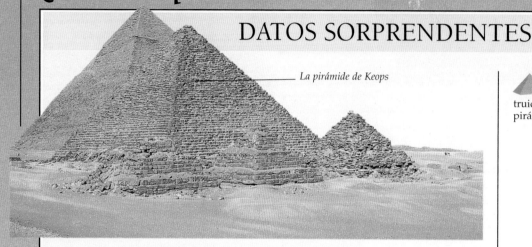

La pirámide de Keops

Complejo de la Gran Pirámide de Guiza

En la época del rey Tutankamón, la gran Pirámide de Keops en Guiza (en las afueras de la actual ciudad de El Cairo) tenía más de 12 siglos y era muy visitada como atracción turística.

De las Siete maravillas del Mundo Antiguo, las tres pirámides de Guiza son las más antiguas y las únicas de estas maravillas que aún existen.

De acuerdo con los antiguos registros egipcios en jeroglíficos, los obreros que trabajaban en las pirámides comían ajo fresco para mantenese fuertes y sanos.

Las pirámides se construyeron con una precisión increíble. Los cimientos de la Gran Pirámide están casi perfectamente planos, la esquina más alta está sólo 0.5 pulg (1.3 cm) arriba de la más baja. En forma similar, la mayor diferencia en longitud entre los cuatro lados sólo es de 12 pulg (4 cm).

La Gran Pirámide tiene varios pozos angostos que conducen al exterior. Algunos expertos piensan que estaban alineados con las estrellas principales, para que el espíritu del rey pudiera ascender al cielo. Otros creen que sólo servían para la ventilación.

Siglos de construcción de las pirámides y varias malas cosechas afectaron gravemente la economía egipcia, por eso las pirámides construidas cuando el Imperio Antiguo estaba por terminar son más chicas que las de Keops y de Kefrén.

Rey Amenemhat III

El rey Amenemhat III (1855-1808 a. C.) construyó dos pirámides. La primera, en Dahshur, contiene las tumbas de al menos tres reinas, pero el faraón no está enterrado ahí; sus restos están en su pirámide en Hawara.

Las pirámides mayas estaban pintadas de rojo brillante, color que representaba su creencia de que los dioses sacrificaron su propia sangre para darle vida al hombre.

Cuando los españoles le preguntaron a los aztecas quién había construido la ciudad de Teotihuacán y sus dos pirámides, dijeron que "los dioses".

Antiguo templo pirámide azteca

A los arquitectos e ingenieros del antiguo Egipto sólo les tomó 400 años progresar y pasar de la construcción de tumbas mastaba primitivas a pirámides con lados lisos. La última etapa de este proceso (el salto de las pirámides escalonadas a las "auténticas") fue de 65 años y constituye uno de los avances tecnológicos más rápidos en la historia.

Un factor estructural que quizá influyó en la forma distintiva de las pirámides, fue el hecho de que, antes de que los romanos inventaran el concreto no se podía construir ninguna otra forma a gran escala que permaneciera fuerte y estable.

Al inicio del siglo XIX, se descubrió un sarcófago en el interior de la pirámide de Micerino, pero se perdió en el mar, camino al Museo Británico.

El Castillo

El Castillo, la pirámide maya en Chichén Itzá, México, estuvo cubierta por yeso y pintura roja

P ¿Cuándo tuvimos conocimiento de las pirámides de Egipto?

R La fascinación mundial por las tumbas de los antiguos faraones aumentó cuando las tropas de Napoleón las descubrieron durante su campaña en África. En 1798, comisionó un estudio de la cultura egipcia que involucró a 150 artistas, científicos e ingenieros y proporcionó la base de todo el conocimiento moderno.

P ¿Qué factores espirituales inspiraron la forma de las pirámides?

R Casi todas las pirámides con lados lisos se asocian con la adoración al sol y sus lados inclinados tenían la intención de reflejar los rayos de luz. En Egipto, los planos elevados formaban un camino al cielo para que lo siguiera el espíritu del faraón.

P ¿Las pirámides de Guiza siempre han tenido la misma apariencia que hoy en día?

R No. Cuando construyeron las tres pirámides estaban rodeadas por edificios más chicos, como templos, tumbas mastaba para nobles importantes de la corte y pirámides más chicas de las reinas, en las que enterraban a las esposas de los faraones y a otros miembros de la familia real. Cada pirámide estaba recubierta con piedra caliza blanca y lisa que brillaba bajo el Sol.

P ¿Por qué está prohibido escalar por las paredes externas de las pirámides de Guiza?

R Hasta hace poco tiempo, los turistas escalaban la Gran Pirámide causando un daño considerable a la estructura y a las piedras individuales en las que la gente tallaba o escribía su nombre. Además, las personas se lesionaban con frecuencia al subir por los lados inclinados y otras se suicidaban al saltar desde arriba. Desde la década de 1980, está prohibido escalarlas.

Napoleón en Egipto, por Antoine-Jean Gros

Torre Eiffel

P ¿Por qué los aztecas ofrecían sacrificios humanos en sus pirámides?

R Los aztecas adoraban al dios Sol y creían que sin la alimentación constante de sangre humana, el Sol dejaría de brillar. Sus pirámides eran sitios sagrados con lados inclinados que se dirigían hacia la luz sagrada. En la parte superior, el sitio más cercano al Sol, los sacerdotes llevaban a cabo ritos sanguinarios de sacrificio que consistían en sacarle el corazón a la víctima mientras aún latía (en un festival particular), le quitaban la piel y la usaban como ropa.

Récords

TUMBAS ENCIMADAS
La primera pirámide se construyó para el faraón egipcio Zoser, en 2650 a. C. Su distintiva forma escalonada fue resultado de una construcción simple: colocaron varias mastabas (tumbas rectangulares con la parte superior plana) de tamaño decreciente una sobre otra.

SÚPER ESTRUCTURA
La Gran Pirámide de Guiza no es sólo la más grande del mundo, sino que 44 siglos después de haber sido construida, aún es el monumento funerario más grande y la estructura de piedra más grande que se haya construido.

GRAN ALTURA
La Gran Pirámide fue la estructura más alta que existía hasta que se terminó la Torre Eiffel en 1887.

EL TRABAJO DE UNA VIDA
El padre de Keops, Seneferu, construyó al menos tres pirámides o quizá cuatro. Aunque ninguna fue tan grande como el monumento de su hijo, todas juntas representaron un proyecto de construcción más extenso.

PIEDRA SÓLIDA
Cuando terminaron de construir la Gran Pirámide, ésta contenía más piedra que todas las catedrales de la Europa Moderna juntas. Había 2,300,000 bloques en total, con un peso promedio de 2.5 toneladas cada una. Las piedras más grandes pesaban 15 toneladas.

LISTA SAGRADA
Entre los primeros escritos en papiro están los fragmentos de una lista de todas las ofrendas que se presentaron en el templo de la pirámide del rey Neferikaré (2475-2455 a. C.).

PRIMERAS EXPLORACIONES
Las primeras excavaciones en las pirámides de Guiza las hizo el rey Tutmosis IV en 1400 a. C.

ALTO, MÁS ALTO, EL MÁS ALTO
Aunque fue la pirámide azteca más alta, el Gran Templo de Tenochtitlán sólo tenía la quinta parte de la altura de la Gran Pirámide de Keops.

ESCRITURA EN LAS PAREDES
Los escritos religiosos más antiguos son los jeroglíficos sagrados llamados los Textos de las Pirámides. Datan de 2340 a. C. Se encontraron en las paredes de la pirámide del rey Unas.

Los Textos de las Pirámides en la tumba del rey Unas

Rey Zoser

¿Quién es quién?

LAS PIRÁMIDES DEL MUNDO ANTIGUO las construyeron en una escala tan grande y abrumadora, que es fácil olvidar que el extraordinario poder, habilidad y fortaleza detrás de éstas provino de gente común. Sabemos muy poco acerca de los trabajadores que construyeron estos monumentos y, en la mayoría de los casos, no podemos identificar a los arquitectos ni los ingenieros que las diseñaron. Sin embargo, lo que tenemos es un registro fascinante de muchos de los gobernantes antiguos que las mandaron construir.

CONSTRUCTORES DE PIRÁMIDES

Texto de las Pirámides en la tumba de Unas

ZOSER

Este rey de la III dinastía construyó la primera pirámide en 2650 a. C. La histórica tumba escalonada de Zoser, en Saqqara, fue el modelo para todas las pirámides egipcias posteriores. Su arquitecto, el sumo sacerdote Imhotep, fue pionero en el uso de piedra, en lugar de ladrillos de barro.

SENEFERU

Faraón de la IV dinastía que construyó varias pirámides para él y su familia, incluida la primera con lados lisos y no escalonados. Seneferu fue padre de Keops.

JUFU

Conocido por su nombre griego, Keops. Construyó la tumba más grande, la Gran Pirámide, en la ribera oeste del Nilo, en Gizeh, en 2589 a. C.

Jeroglíficos de la pirámide del rey Sahuré

KEFRÉN

Se piensa que fue el hijo de Keops o quizá su hermano menor. Construyó la segunda pirámide en Guiza. Aunque más chica que la de Keops, parece más alta por estar construida en un terreno más alto y su vértice está intacto.

MICERINO

Constructor de la tercera pirámide y la más chica en Guiza. Se cree que fue hijo de Kefrén. Al sur de su pirámide construyó tres "pirámides de las reinas" más chicas, para sus esposas e hijas.

SAHURÉ

Primer rey de la V dinastía enterrado en un complejo de pirámides en Abusir, al sur de Guiza. Su tumba es la mejor conservada en este sitio y la única abierta al visitante. Cerca está la pirámide de su hermano y heredero, Neferirkaré, del mismo tamaño que la de Menkauré en Guiza.

UNAS

Último faraón de la V dinastía. Construyó su pirámide en el complejo de Saqqara. Hoy, su tumba es conocida por los importantes escritos en jeroglíficos (los Textos de las Pirámides) descubiertos en los muros de la cámara funeraria.

PEPI I Y II

Faraones de la VI dinastía cuyas pirámides comparativamente más chicas en Saqqara fueron las últimas que se construyeron en más de 200 años.

AMENEMHAT I

El primer rey del Imperio Medio que construyó una pirámide auténtica, ubicada en Lisht. Como todas las pirámides construidas en esa época, la de Amenemhat I era más chica y peor construida que las del Imperio Antiguo.

REKHMIRE

Funcionario durante los reinados de Tutmosis III y Amenifus II, Rekhmire fue enterrado en una tumba que contenía fascinantes murales que ilustraban los detalles de la construcción de las pirámides.

TUTMOSIS IV

Rey de la XVIII dinastía. Hizo las primeras exploraciones de las pirámides de Guiza en 1400 a. C. y uno de los primeros intentos por liberar a la Esfinge de la arena que la enterraba hasta el cuello.

Dibujos en la tumba de Rekhmire

TAHARKA

Rey nubio que gobernó Nubia y Egipto durante la XXV dinastía. Inspirado por las pirámides de Guiza, su enorme monumento en Nuri fue una de las 20 pirámides de reyes y 53 de reinas en el sitio.

AMANISHAKHETO

Reina nubia durante el siglo I a. C. Su pirámide estaba aún llena de tesoros al inicio del siglo XIX.

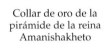

El CONOCIMIENTO que tenemos acerca de las pirámides se debe a los esfuerzos de intrépidos exploradores, arqueólogos e historiadores de muchas nacionalidades que dedicaron su vida a descubrir los secretos de las pirámides.

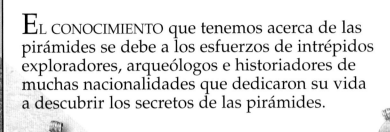

Collar de oro de la pirámide de la reina Amanishakheto

que escribió uno de los primeros relatos (450 a. C.) sobre la construcción de las pirámides. Luego se desaprobaron algunas de sus teorías.

Herodoto

NAPOLEÓN BONAPARTE

Luego de invadir Egipto en 1798, Napoleón comisionó el primer estudio moderno sobre la antigua cultura de Egipto.

LUIGI MAYER

Aventurero italiano cuyo libro ilustrado *Views in Egypt* (publicado en 1804) ayudó a estimular el interés en la historia de Egipto.

JEAN-FRANÇOIS CHAMPOLLION

Erudito francés, lingüista y arqueólogo que hizo la única y más grande contribución a la egiptología, al descifrar los jeroglíficos antiguos en 1822.

GIUSEPPE FERLINI

Un villano notable en la historia de la egiptología. Ferlini descubrió en 1834 una gran cantidad de joyas en la pirámide milagrosamente conservada de la reina Amanishakheto. En su búsqueda de más riqueza, dañó la estructura.

HOWARD VYSE

Autor de uno de los primeros libros de referencia más famosos sobre el tema, *The Pyramids of Gizeh*, publicado en 1837.

estudio detallado de las pirámides de Guiza en 1881 y 1882. Petrie publicó más de 1,000 libros y escritos y fue pionero de varias técnicas para explorar las pirámides.

JEAN-PHILIPPE LAUER

Arquitecto francés y egiptólogo del siglo XX, que dedicó su vida a reconstruir la Pirámide Escalonada, en Saqqara.

Jean-Philippe Lauer

FREDERICK CATHERWOOD Y JOHN LLOYD STEPHENS

Exploradores norteamericanos del siglo XIX que descubrieron varias ruinas mayas antiguas en la selva mexicana. Dibujaron algunos de los primeros bosquejos de las pirámides de América Central. Stephens registró sus descubrimientos en dos volúmenes de diarios publicados, que llamó *Incidents of Travel*.

W. M. Flinders Petrie

AUGUSTE MARIETTE

Egiptólogo francés del siglo XIX que descubrió El Templo del Valle de Kefrén, en Guiza y el Serapeum (cámara funeraria para toros sagrados) en Saqqara. Mariette fundó el Museo Egipcio original en El Cairo.

Litografía del siglo XIX de los viajes de Catherwood y Stephens

Descubre más

LA RIQUEZA EN TESOROS sacada de las antiguas pirámides hizo posible que los museos de todo el mundo reunieran colecciones de objetos y obras de arte que transmiten parte de la magia de estas antiguas estructuras. También tenemos disponible una riqueza en materiales impresos. Al buscar información acerca de las pirámides de Egipto y Mesoamérica, el punto central de gran parte del material disponible está en la meseta de Guiza, con sus legendarias pirámides del Imperio Antiguo. Dominado por la Gran Pirámide y la Esfinge, el complejo de Guiza tuvo alguna vez templos, tumbas mastaba, pirámides más chicas y calzadas cubiertas. Hoy está rodeado por turistas, buhoneros, pordioseros y una función diaria de luz y sonido; sin embargo, las inmensas estructuras aún causan una fuerte impresión en los visitantes.

Revestimiento de piedra caliza

La Esfinge tiene cuerpo de león y cabeza de hombre

Ruinas de la pirámide del rey Unas

Pirámide de Keops

VIGILANTE ETERNO
Vigilada por su Esfinge, con el rostro tallado a imagen del faraón, la pirámide de Kefrén es la única que conserva parte del recubrimiento de piedra caliza que originalmente cubría las tres tumbas en la parte superior. El resto lo quitaron los gobernantes medievales de El Cairo, que lo usaron para sus propios monumentos. Ésta es una vista del complejo desde el límite de la meseta de Guiza.

MONUMENTO EN RUINAS
Al sur de las murallas de Saqqara está la pirámide en ruinas del rey Unas, quien gobernó Egipto de 2375 a 2345 a. C. Todo el sitio funerario de Saqqara, al sur de El Cairo, cerca de Menfis, se extendía originalmente más de 4 millas (7 km) de norte a sur.

A LA SOMBRA DE SUS AMOS
En la meseta de Guiza no sólo enterraron a los faraones y a sus familias. Miembros importantes de la casa real también podían descansar ahí. Esta tumba, con sus hermosas columnas que vigilan la entrada, fue construida para Seshemnufer, uno de los cortesanos de Keops.

- Sitio con información general acerca del antiguo Egipto
  www.egipto.com
- Sitio notable relacionado con las pirámides egipcias, incluye vínculos
  a otros sitios web
  www.egyptianpyramids.com
- Sitio egipcio especialista dirigido por el Museo Británico
  www.ancientEgypt.co.uk
- Sitio de las pirámides y zonas arqueológicas de México
  www.inah.gob.mx
- Sitio general relacionado con las pirámides egipcias y mesoamericanas,
  diseñado para niños
  www.school.discovery.com/homeworkhelp/worldbook/atozhistory/p/453060.html

Lotos adornan una
vasija egipcia en el
Museo Británico

CASTILLO DE KUKULCÁN
El Castillo, en Chichén Itzá, México, fue construido alrededor de 800 y dedicado a Kukulcán, la versión maya del antiguo dios Quetzalcóatl. La pirámide tiene una altura de 79 pies (24 m); la estructura cuadrada en la parte superior es el templo de Kukulcán.

TRUCOS DE LA LUZ
Al pie de la escalera norte de El Castillo hay dos cabezas de serpientes, que representaban al dios Kukulcán. En ambos equinoccios, el juego de luz sobre la escalera da la impresión de que estas criaturas sagradas trepan por la fachada inclinada de la pirámide.

HERRAMIENTAS DEL OFICIO
Muchas herramientas usadas por los antiguos constructores de las pirámides egipcias son similares a sus equivalentes modernos. Antes, como ahora, la sierra del carpintero cortaba la madera y el cincel se usaba para el trabajo detallado, como tallar imágenes y jeroglíficos. Los ejemplos de abajo son modelos descubiertos en el templo de Tutmosis III.

Cincel

Sierra

Sitios para visitar

PIRÁMIDES DE GUIZA, EL CAIRO, EGIPTO
Con el interés de preservar y para realizar la restauración necesaria, las tres pirámides se cierran alternativamente a los turistas. Algunos de los mejores sitios para visitar son:
- la Gran Galería y la Cámara del Rey, en la Gran Pirámide de Keops
- el Museo del Bote Solar, que exhibe un bote de tamaño real descubierto (en piezas) en un foso junto a la Gran Pirámide
- las ruinas del templo mortuorio, santuario y patio de la tumba de Kefrén.

SAQQARA, CERCA DE MENFIS, EGIPTO
La necrópolis (cementerio) de Menfis, la capital del Imperio Antiguo, en Saqqara, es uno de los sitios arqueológicos más importantes de Egipto. Entre sus tesoros están:
- la pirámide escalonada del rey Zoser, prototipo de todas las pirámides egipcias
- la pirámide del último rey de la quinta dinastía, Unas, que contiene inscripciones importantes en jeroglíficos, llamados los Textos de las Pirámides.

ABUSIR, CERCA DE EL CAIRO, EGIPTO
Menos impresionantes que los monumentos de Guiza y Saqqara, las pirámides de la quinta dinastía en Abusir se ubican en un paisaje espectacular y menos concurrido. De interés particular son:
- la pirámide del rey Sahuré, la mejor conservada en el complejo y la única abierta a los visitantes
- el exterior de las pirámides cercanas a Neuserré, Neferirkaré y Raneferef y sus templos en ruinas y calzadas.

MUSEO EGIPCIO, EL CAIRO, EGIPTO
Además de los tesoros de Tutankamón y la Sala de la Momia Real, este museo tiene cientos de artefactos relacionados con las pirámides, incluidas:
- las estatuas de los constructores de las grandes pirámides de Zoser y Kefrén
- una colección de objetos personales relacionados con Hetefrás, madre de Keops, que incluyen un canope que contuvo sus órganos internos.

EL CASTILLO, CHICHÉN ITZÁ, MÉXICO
Construido en 800, este templo maya domina el sitio de Chichén Itzá y proporciona una sorprendente vista del campo que lo rodea. Los visitantes pueden ver:
- las cabezas de serpientes al pie de la escalera norte, que se cree representaban al dios Kukulcán, versión maya del dios azteca Quetzalcóatl
- el templo en la cima de la pirámide interna.

PIRÁMIDES DEL SOL Y DE LA LUNA, TEOTIHUACÁN, MÉXICO
Terminadas durante el siglo II, estas pirámides escalonadas son de ladrillos de adobe y tierra, recubiertas con grava y piedra. Vale la pena visitar:
- el museo del sitio, que exhibe un modelo a escala de la antigua ciudad
- la vista desde la parte superior de la Pirámide de la Luna.

Glosario

Azuela

ALBARDILLA Piedra final en la parte superior de la pirámide o muro.

ANKH Antiguo símbolo egipcio de vida, que sólo solían usar los dioses y la realeza.

ANTECÁMARA Sala chica que conduce a una más grande e importante.

ANTIGUO EGIPTO El período cuando Egipto fue gobernado por faraones, entre 3100 a. C. y 30 a. C.

ARTEFACTO Objeto antiguo y desenterrado durante las excavaciones arqueológicas.

AZTECAS Civilización mesoamericana que dominó México antes de la conquista española en el siglo XVI.

AZUELA Antigua herramienta egipcia para tallar y cepillar la madera.

CALZADA Camino elevado a lo largo de un área baja o húmeda de tierra o de un cuerpo de agua.

Capitel

CANTERA Sitio donde se extrae la piedra del suelo para usarla en edificios, monumentos o esculturas.

Antiguo friso egipcio

CAPITEL Sección superior de una columna arquitectónica, que en el antiguo Egipto solía estar tallada como una planta o flor local, como palmera o papiro.

CARTUCHO En egiptología, un borde oval que encierra el nombre de un faraón.

CASA DEL ALMA Modelo miniatura de casa en la tumba de su dueño difunto para su uso en la otra vida.

CATARATA Caída potente de agua alrededor de una roca grande que bloquea el flujo de un río. Hay varias cataratas en el Nilo y monumentos importantes cerca de éstas.

CENOTAFIO Monumento memorial a una sola persona o grupo de personas enterradas en otro sitio.

CÓDICES Antiguos textos manuscritos en forma de libro.

CODO Unidad básica de medida en el antiguo Egipto, igual al largo del brazo desde el codo hasta la punta del pulgar (20.62 pulg/ 52.4 cm). Cada codo se dividía en siete palmas; cada palma contenía cuatro dedos.

COLUMNATA Hilera de columnas arquitectónicas que sostienen arcos o una superficie superior decorativa.

CONQUISTADOR Invasor español que llegó a Mesoamérica y América del Sur en el siglo XVI.

DOLERITA Roca áspera muy dura usada en el proceso de excavación de piedras.

ESCRIBA Funcionario del gobierno que, a diferencia de la gente común, sabía leer y escribir.

ESFINGE En el antiguo Egipto, la esfinge era una criatura monumental con cuerpo de león y la cabeza del gobernante. Las esfinges eran un símbolo del poder real. Se creía que vigilaban las entradas al otro mundo en los horizontes este y oeste.

ESQUISTO Roca metamórfica en capas formada de láminas de diferentes minerales que se divide en capas delgadas irregulares.

ESTELA Losa de piedra vertical o pilar cubierto con talladuras e inscripciones.

ESTUCO Yeso durable usado en el recubrimiento exterior de edificios o en piezas de cerámica.

Modelo de un conquistador a caballo y un soldado a pie

FARAÓN El título dado a los gobernantes del antiguo Egipto. La palabra faraón significa "casa grande" y originalmente se refería al palacio y no al rey.

FRISO Banda horizontal ancha que decora una pared.

GLIFOS Imágenes gráficas usadas en lugar de palabras por la civilización maya de Mesoamérica.

INCAS Civilización sudamericana que floreció en Perú antes de la conquista española en el siglo XVI.

JEROGLÍFICOS Escritura gráfica usada para formar palabras en el antiguo Egipto.

KHAT Cubierta como bolsa usada sobre la peluca de un faraón.

LABERINTO Red intrincada y confusa de pasajes.

LAPISLÁZULI Piedra semipreciosa azul brillante común en joyería y artefactos egipcios.

LOTO Lirio acuático cuya forma se usó en la decoración en el antiguo Egipto.

MASTABA Antigua tumba egipcia, hecha con ladrillos de barro secados al sol y piedra. Todas las mastabas tienen una forma oblonga, con costados bajos e inclinados y techo plano.

MAYAS Avanzada cultura mesoamericana que tuvo un fin misterioso en el año 800. El pueblo maya fue un gran cosntructor de pirámides.

MOMIA Cuerpo muerto preservado de la descomposición, en forma natural o por medios artificiales.

NICHO Hueco poco profundo en un muro para exhibición o almacenamiento. La Pirámide de los Nichos en México tiene 365 huecos, quizá para colocar figuras religiosas u ofrendas a los dioses.

El faraón en vida (Ramsés II), por Winifred Brunton

OBELISCO Columna afilada de piedra con base cuadrada o rectangular y lados inclinados que se elevan hasta una punta puntiaguda.

OBSIDIANA Roca vidriosa formada con lava que fue solidificada, usada para decoración y como espejo. Se rompe y tiene bordes muy filosos, usada para hacer utensilios de corte.

OJO WEDJET Símbolo protector usado en el antiguo Egipto, que representa el ojo del dios del cielo, Horus.

OSTRACON Fragmento de piedra o cerámica inscrito con escritura o dibujos.

PALETA Superficie plana sobre la cual se mezclaban colores para hacer pigmentos para escritura o cosméticos.

PAPIRO Carrizo alto de la orilla del río cuyo tallo se usaba para hacer cestos, sandalias, botes, cuerdas y hojas como papel o pergaminos para escribir.

PATIO *SED* Espacio rectangular alargado en los complejos de pirámides escalonadas, donde, observados por la multitud, los faraones corrían tradicionalmente para probar su condición física.

PIRÁMIDE Estructura grande de piedra con base cuadrada y lados inclinados, que puede ser lisa o escalonada. En las sociedades antiguas, las pirámides se construían como tumbas, templos o monumentos.

PIRÁMIDE DE LA REINA Pirámide chica construida cerca de una principal que contenía los restos de las esposas e hijas de un faraón o para cumplir con una función simbólica desconocida.

PIRAMIDIÓN Albardilla como cono para el techo puntiagudo de una tumba en forma de pirámide. Estas estructuras chicas de ladrillo fueron populares cuando las pirámides de tamaño completo pasaron de moda.

PLAZA Espacio abierto en un pueblo o una ciudad.

RAMPA Una bajada artificial construida junto a una pirámide por la cual se transportaban los hombres y el equipo.

REVESTIMIENTO Capa superior de piedra fina y lisa en el exterior de un edificio.

SACRIFICIO Matanza de gente o animales como parte de una ceremonia religiosa. Los aztecas hacían ritos de sacrificios humanos al dios sol arriba de su Gran Pirámide.

SARCÓFAGO Féretro exterior elaborado.

SEKED El ángulo de los lados curvados de una pirámide egipcia.

SERDAB Cámara chica en una tumba que contenía una estatua del difunto en la que su espíritu podía habitar después de la muerte.

SHABTI Figuras hechas a la imagen de sirvientes, que solían enterrar con gente importante para que hicieran cualquier trabajo manual que requirieran en la otra vida. La palabra *shabti* se origina de un término egipcio que significa "responder".

TERRAZA Espacio elevado cerca de un edificio o en un jardín, diseñado para caminar o quedarse de pie.

TOBE Palabra egipcia para ladrillo y la raíz de la palabra *adobe*, significa ladrillo secado al sol. Tipo de edificio construido con este material.

TOLTECAS Pueblo guerrero que habitó en México antes y durante la época de los aztecas. Los toltecas construyeron

Tumba del noble Seshemnufer a la sombra de la Gran Pirámide

pirámides y se cree que introdujeron sus rituales de sacrificios humanos en las pirámides a los mayas.

TRINEO Superficie plana sobre rodillos, diseñada para transportar cargas pesadas. Para construir las pirámides, transportaron los materiales y los bloques de piedra a los sitios en trineos.

TUMBA Sepulcro, monumento o edificio donde descansa el cadáver de una persona.

VARAS DE MEDIR Par de cilindros unidos por una cuerda y usados para establecer una superficie plana y lisa en los lados de piedra de una pirámide auténtica.

VISIRES Los más altos funcionarios nombrados por el faraón para gobernar el Alto y el Bajo Egipto.

Gran estela en Axum

Índice

A B

Abu Roash, 9
Abusir, 24, 38, 69
Abydos, 29
aksumitas, 48
albañiles, 30, 34
albardilla, 43, 44-45
Amanishakheto, reina, 52-53, 66, 67
Amenemhat I, 40, 66
Amenemhat III, 40, 42, 43, 64
Amenofis II, 33
América del Sur, 54
Amón, 26, 41, 52, 53
andamiajes, 34
Anherkhau, 34
Anlamani, 50
Anubis, 45
Apedemak, 53
arenisca, 32, 51
Aspelta, 50
Asuán, 32, 43
Atet, 15
aztecas, 6, 54, 60-61, 64, 65
barcas funerarias, 28-29
basalto, 32
Belice, 54, 56
Belzoni, Giovanni, 22
Bersha, 46
Bonampak, 59
bote de carrizos, 28
Brunton, Winifred, 39, 42, 43, 51
Bugentef, 44

C D

Cairo, El, 20, 21, 64, 69
Campeche, 59
Canary Wharf, torre, 63
canteras, 32
cartuchos, 18, 34
Castillo, el, 56, 57, 64, 69
Catherwood, Frederick, 59, 67
Caviglia, Giovanni, 27
Centroamérica, 6, 54-61
Cestius, Caius, 62
Cheops ver Keops
Chichén Itzá, 6, 56, 57, 64, 69
cimientos, 30, 31, 50, 64
Cocijo, 55
Código Florentino, 61
codos, 30
conquistadores, 54, 60
construcción de pirámides, 32-37, 64, 66, 69
construcciones de imitación, 12, 13
Champollion, J.-F., 46, 67
Dahshur, 14, 40, 42, 47, 64
Deir el-Bahri, 35, 41
Dixon, Waynman, 46
Djehutyhotep, 46
dólar, billetes de, 62
dolerita, 34

E F

Edfu, templo, 31
El Salvador, 56
escribas, 31
escritos, 22, 46, 56-57, 58-59
Esfinge, 6, 16, 18, 26-27, 63, 66, 68
España, 54, 60
Estados Unidos, 62, 63
estatuas, 9, 11
estela, 25, 44
estrellas, 47
faraones, 8-9, 18-19, 50-51
Ferlini, Giuseppe, 67
Flinders Petrie, W. M., 14, 18, 67
funerales, 24

G H I

Gebel Barkal, 48, 53
Guiza, 6, 16-21, 26-27, 50, 64, 65, 66, 67, 68-69
glifos, 56-57, 58-59
Gran Pirámide 14, 16-17, 20-21, 54, 64, 65, 68, 69; Cámara de la Reina, 23; Cámara del Rey, 20, 23, 32; construcción, 20, 32, 36, 64; entrada, 23; exploradores, 23; Gran Galería, 22, 23; nombres, 18; planificación, 30; plano, 23; "pozos de ventilación", 23, 46, 47, 64; templos mortuorios, 24
granito, 32, 34
Guatemala, 56, 58, 5

J K L

Java, 6
jeroglíficos, 18, 38, 46, 67
joyería, 40, 42, 43, 52-53, 67
Kagemni, 28
Karnak, 26, 41
Katep, 39
Kefrén, 6, 16-19, 26-27, 66, 68
Keops, 14, 16-19, 20, 21, 23, 28, 29, 64, 66
Khaem-waset, 32
Khamerernebty, 19
Kukulcán, 69
Kurru, 48
La Venta, 54
ladrillos, 33, 40
ladrones, 22, 38, 40, 43
Lahun, el, 40, 42
Las Vegas, 63
Lauer, Jean-Philippe, 12, 67
Libro de los Muertos, 22, 29 44, 50
Lisht, 8, 40, 66
Louvre, pirámide del, 63
Luxor, 26

M

Ma'mun, Caliph, 22
Maat, 45
Maghara, 14
Mariette, Augusta, 67
máscaras, 54, 61
mastabas, 7, 10, 41, 64, 65
maya, pueblo, 6, 54, 56-59, 64, 67, 69
Mayer, Luigi, 17, 67
Menfis, 8, 13, 18, 41, 50, 68, 69

Harmakis, 27
Hatshepsut, reina, 41
Hawara, 43, 64
Heh, 48
Heliópolis, 44, 45
Herodoto, 36, 67
herramientas, 30, 34-35, 46, 60, 69
Hesire, 31
Hetéferes, 9, 47
Hockney, David, 62
Honduras, 56
Horus, 18, 27, 28, 38, 52
Hunefer, 29, 44
Imhotep, 10, 11, 13, 66

N O

Napata, 48
Napoleon I, emperador, 23, 65, 67
Nawidamak, reina, 52
necrópolis, 69
Neferirkaré, 38, 65, 66, 69
Nefer-Maat, 15
Nefertiabet, 25
Neith, 52
Neuserré, 38, 69
Nilo, río, 7, 8, 16, 28, 30, 32, 43
Nofret, 14
Nubia, 26, 41, 42, 45, 48-53, 66
Nuri, 48, 50, 51, 66
oficiales, 8
ofrendas, 24-25
Ojo de Horus, 28, 52
olmecas, 54
Orión, 47
Osiris, 29, 32
ostraca, 32

P Q

papiros, 31, 32, 39, 65
Pei, I. M., 63
Pepi I, 39, 66
Pepi II, 39, 66
Período Antiguo, 6, 8, 39, 40
Período Medio, 6, 8, 40-41
Período Nuevo, 6, 44
Ipi, 32, 35
Perú, 54
Piazzi Smyth, Charles, 47
piedra caliza, 32
piedra roseta, 32
piedra, 32, 34, 66
pinturas, 15, 24-25, 33, 34, 41, 56

Menkauré, 16-19, 33, 64, 66
Menthotpe, 41
Mereret, 42, 43
Mereruka, 10
Merib, 25
Meroe, 44, 48, 52-53
México, 6, 54-55, 56, 58, 64, 67, 69
mochica, pueblo, 54
modelos, 30, 35
momias, 24, 47
Mut, 52

pirámide
Curvada, 14, 15
de la Luna, 69
de los Nichos, 55
del Jaguar Gigante, 58, 59
del Mago, 58
del Sol, 54, 69
Escalonada, 10-13, 42, 65, 66, 67
Meidum, 7, 14- 15, 32
Negra, 42
Perdida, 46
Transamérica, 63
pirámides de las reinas, 17, 19, 21, 51, 65, 66
pirámides escalonadas, 7, 14, 47
piramidiones, 44-45
planeación de las pirámides, 30-31
"pozos de ventilación", 23, 46, 47
Ptah, 11, 32
Quetzalcóatl, 56, 57, 60

R S

Ra, 7, 28, 39, 44, 45, 47
Radjedef, 9, 29
Rahotep, 14
rampas, 36-37
Ramsés II, 32
Raneferef, 38, 69
recubrimiento de piedra, 32, 36, 68, 70
Rekhmire, 30, 33, 34, 36, 66
remos, 28
Rhind, papiro, 30
Rivera, Diego, 55
Roma, 62
sacrificios, 6, 54, 58, 60, 64, 65
sacrificios humanos, 6, 54, 58, 60
Sahuré, 38, 39, 66, 69
Saqqara, 10-13, 28, 32, 39, 46, 66, 67, 68, 69
sarcófago, 22
Sat-Hathor III, 40
sed, festival, 12, 41
Sekhemkhet, 46
Seneferu, 14-15, 47, 65, 66
Senkamanisken, 51
Sennedjsui, 25
Serapeum, 67
Seshemnufer, 24, 66
Sesostris I, 40

Sesostris II, 40
Sesostris III, 28, 42
shabti, figuras, 50, 51
Sidney, 62
siete maravillas del mundo antiguo, las, 21, 64
Sinaí, Península, 14, 21
sirvientes, 8, 9
Sol, 6, 7, 38, 47, 57; culto al, 65
Stephens, John, 59, 67
Sudán, 6, 44, 48

T U

Taharka, 50-51, 66
Tajín, 55
Takhenmes, 47
Tebas, 41
templo de Siva, 6
templos mortuorios, 24-25, 39
templos, 24-25, 38, 39, 54, 56, 65
Tenayuca, 61
Tenochtitlán, 60, 65
Teotihuacán, 54, 69
tesoros, 22
Textos de las Pirámides, 7, 22, 47, 65, 66
Thot, 21
Ti, 24
Tikal, 58, 59
toltecas, 56, 57, 58
trabajadores, 8, 36, 46
trineos, 37, 46
Tulum, 59
Tura, 32, 38
Tutankamón, 6, 22
Tutmosis III, 35
Tutmosis III, 69
Tutmosis IV, 26, 27, 49, 65
Tutmosis IV, 66
Twain, Mark, 20
Udjahor, 46
Unas, 22, 32, 65, 66, 68
Userkaf, 38, 39
Uxmal, 58

V W Y Z

Valle de los Reyes, 22
varas de medir, 30
Vyse, Howard, 38
Wynn, Steve, 63
Yucatán, 54, 56
zapotecas, 54, 55
Zoser, 7, 10-13, 42, 65, 66

Reconocimientos

Dorling Kindersley agradece a:

El personal del Departamento de Antigüedades Egipcias del Museo Británico, Londres, en especial a John Taylor, Stephen Quirke, Carol Andrews, Jeffrey Spencer, Virginia Hewitt, Tony Brandon, Bob Dominey y John Hayman; el Departamento Fotográfico del Museo Británico, especialmente Ivor Kerslake; Angela Thomas y Arthur Boulton del Museo Bolton; Robert Bauval; Jean-Phillipe Lauer; Helena Spiteri y Linda Martin por su ayuda editorial; Sharon Spencer, Susan St. Louis, Isaac Zamora e Ivan Finnegan por su ayuda en el diseño.

Fotografía adicional: Peter Anderson (25ar.d., 36–37, 41ab.d., 47i.), Stan Bean (12–13), Janet Peckham (46c.d.), Dave Rudkin (55ab.), Karl Shone.

Mapas: Simone End (6c.d., 8d., 54c.)
Ilustraciones: John Woodcock (18ab.i., 21ar., 41c., 54ab.d.), Sergio Momo (54c.)

Índice: Hilary Bird

Créditos fotográficos ar. = arriba; ab. = abajo; c. = centro; i. = izquierda; d. = derecha; Ayeshah Abdel-Haleem: 22ab.d. Ancient Art and Architecture Collection: 37ar.d., 41ar.d.; Stan Bean / Museo Egipcio, San José, Ca: 12-13ab.; Biblioteca Medicea Laurenziana / Photo - Scardigli: 60ar.d., 61ar.i.; Phot. Bibl. Nat., París / Codex Telleriano-Remensis: 61c.i. The Ancient Egypt Picture Library: Robert Partridge 65ar.c. Bibliothèque du Musée de l'Homme: 57ar.c. Museo Británico: 67c.d.ar. J. Allan Cash Photolibrary: 62c.d. J.L.Charmet: 59c.i. G. Dagli Orti: 59ar.d. Vivien Davis: 48c.i., 48-49ab. e.t. archive: 7c., 22c.i., (detalle)

43ab.i., 55ar.d. Mary Evans Picture Library: 16ar.i., 17c.d., 20ab.i., 22ar.i., 47c., 60c. Francis Firth/Royal Photographic Society, Bath (pirámide del Sur, de piedra, en Dahshoor, desde el suroeste): 14c.d. Gallimard Jeunesse: 17ar.d., 18c. Robert Harding Picture Library: 47ab.d., 63ar.i., 63ar.d.; Gavin Hellier 64c.d.ar.; © David Hockney / Photo-Guy Gravett: 62ab.i. Hutchison Library: 6ab.i., 58c.i., / Pate: 6ar.d., 57ar.d. Image Bank / Luis Castañeda: 58ar.c., / Derek Berwin: 63c.i. INAH: 57ar.i. H. Lewandowski / Photo - R.M.N.: 9ar.i. Jürgen Liepe: 11ab.d., 18ar.i., 18c.d., 38ab.d., 39c.i., 46c.i. Mansell Collection: (detalle) 21ab.c.d., 37c.d., 38c.i. ©Museo Metropolitano de Arte, donado por Edward S. Harkness, 1914 (14.3.17): 40i. Daniel Moignot, P.L.J. Gallimard-Larousse: 37ar.i.; Expedición del Museo, Cortesía del Museo de Bellas Artes, Boston: 19d. Palacio Nacional, Ciudad de México / Photo - e.t. archive (detalle, "Civilización Totonaca", de Diego Rivera) - Reproducción autorizada por el Instituto Nacional de Bellas Artes y

Literatura: 55ar.i. James Putnam: 7c.d., 17ar.i., 19ar.i., 20ar.d., 21c., 42c.i., 43c.i., 51ar.c. R.M.N: 25ab.d. John Ross: 12ar.i. Real Museo de Escocia: 56ab.i. Real Observatorio, Edimburgo: 47 ar.d. John Sandford/Science Photo Library: 47ar.c.d. Staatliche Museen zu Berlin Preussischer Kulturbesitz Agyptisches Museum / Photo - Margarete Busing / Bildarchiv: 52ar.d., 52ab., 52c., 53ar., 53ab., 53ab.d. Tony Stone Images: 63ab. Werner Forman Archive: 14ar.d., 15ar.i., 22ab.i., 31c.i., 32c.d., (detalle) 35c.i., (detalle) 35ar.c., 39ar.d. Michel Zabé: 56-57ab., 57.d., 58-59ab., 60-61ab. Zefa: 54ab.i., / J.Schörken: 56ar.i.

Créditos de la portada
Contraportada: Museo Británico
Frente: Stone / Getty Images: Will y Denny Macintyre
Museo Británico: ar.c.

Otras ilustraciones © Dorling Kindersley. Más información en: www.dkimages.com